땅 사서 지을까
집 사서 고칠까

도시를 떠나 마당 있는 집을 갖는 두 가지 방법
집 짓기 & 집 고치기 프로젝트

땅 사서 지을까 집 사서 고칠까

윤세상(하우징팩토리 대표) 지음

아이들에게 주는 선물,
내가 어렸을 때 살던 집

Prologue

요즘 집을 지으려는 사람들과 만나 상담을 해보면 30대 후반에서 40대 초반이 가장 많다. 단독주택이라고 하면 은퇴 후 넓은 마당이 있는 집에서 편하게 쉬는 모습을 많이 상상했는데, 이제는 아이들이 마음껏 뛰놀 수 있는 집을 선물하고 싶은 부모들이 집을 짓는 경우가 많아진 것이다. 마당 딸린 집에서는 아이에게 뛰지 말라고 잔소리를 하지 않아도 되고, 아이도 눈치 보지 않고 집 근처에서 안전하게 자기가 하고 싶은 것을 마음껏 할 수 있다. 집 앞 마당에서 아이에게 농구공을 쥐어주고 마음껏 놀게 하고 이제 막 줄넘기를 배운 아이에게 이단 뛰기를 가르쳐주며 추억을 쌓는 집에서 살고 싶다는 소망이 젊은 부모들에게 주택에 대한 꿈을 갖게 한 것이다.

최근 인기리에 방영된 드라마 <응답하라 1988>을 보면 다들 단독주택에 산다. 필자도 어렸을 때 그런 집에서 살았다. 삼각형 모양의 지붕에 반지하가 있는 넓은 1층집. 우리 집은 복층 형태였는데 1층에 이불을 깔아놓고 형과 2층에서 뛰어내리며 놀았던 기억, 마당에 있던 큰 자두나무에서 자두를 따다가 친구들에게 나누어주었던 기억, 마당에서 집까지 나팔꽃이 줄을 이어서 타고 올라가던 모습, 옥상에서 친구들과 삼겹살을 구워 먹으며 놀았던 기억 등 어린 시절 대부분의 추억이 우리 집에서 시작되었다. 하지만 안타깝게도 요즘 아이들은 어렸을 때 집에 대한 기억이 별로 없는 것 같다. 학교, 학원, 아파트… 그게 어린 시절 기억의 대부분을 차지하는 듯하다. 필자의 어린 시절처럼, 집이 가져다주는 여러 추억이 없는 것이다. 집 짓기는 아이에게 어린 시절의 좋은 추억을 선물하고 싶은 젊은 부모들, 그리고 어린 시절의 추억을 떠올리며 고향 같은 집을 지어 살고 싶은 중년 이후 부부들의 오랜 꿈으로 자리 잡고 있다.

하지만 도시에서 단독주택을 짓기란 녹록하지 않다. 살고 있는 아파트를 팔고 대출을 받아도 땅을 사고 집을 짓기에는 턱없이 부족하기 때문이다. 집을 지을 땅을 사는 데만도 수억이 드는 상황이다 보니 현실의 벽은 높기만 하다. 이런 탓에 도심지 외곽이나 상태가 괜찮은 시골집을 찾아서 리모델링하는 수요가 늘고 있다. 수도권 전철이 확장되고 도로 개통으로 인해 지방에서 서울을 오가기에 무리가 없는 환경이 조성된 까닭도 있다.

수도권을 생각한다면 양평이나 여주 정도면 1억 원 정도에 매입이 가능한 330㎡(100평) 정도 되는 땅을 알아볼 수 있고, 충주 정도까지 가면 집을 포함해 1억 원대에 구입이 가능한 경우도 제법 있다. 어느 지역이 좋은지에 대해서는 우리 가족의 생활방식과 가장의 직장, 아이들의 학교 문제까지 포함하여 충분히 생각해봐야 한다. 직장은 서울인데 충청도에 집을 짓게 되면, 가장이 지쳐서 주말에는 온종일 잠만 자야 할지도 모르기 때문이다. 그러니 내가 감당할 수 있는 거리를 판단해야 한다.

요즘에는 외곽 지역에도 교육 시스템이 잘 갖춰진 학교가 많다. 일부러 시골로 위장전입을 해서 서울에서 시골로 학교를 다니는 경우도 있을 정도이다. (실제 요즘 들어오는 시골집 문의 중 다수가 대부분 초등학교가 유명한 동네이다.) 시골에서 살고 싶은데 교육 문제가 걸린다면, 교육 시스템이 잘 갖춰진 학교가 있는 지역을 알아보는 것도 방법이다. 물론 아이가 초등학생이라 교육보다 마음껏 뛰놀 수 있는 환경을 제공해주고 싶다면 굳이 교육으로 유명한 학교를 쫓아다닐 필요는 없다.

또한 어린 시절 잠시 동안만이라도 아이들에게 추억을 만들어주기 위해서 시골생활을 결심하거나 부부가 노후를 시골에서 소박하게 지낼 수 있는 집을 생각한다면 버려진 농가주택이나 저렴하게 나와 있는 주택을 임대해서 리모델링하는 방법도 있다. 주말이나 쉬는 날이면 가족과 함께 내려가서 지낼 생각으로 작은 주말주택을 짓기도 한다.
만약 시골에 계신 부모님이 주택 리모델링을 계획 중이거나 도시에 살던 노부부가 시골생활을 원해 집 짓기를 계획 중이라면 리모델링이나 설계를 할 때 2층에 가족들의 공간을 따로 설계해보자. 아이들에게 유년 시절의 추억을 선물하고 싶다면 모든 것을 다 정리하고 내려가는 것만 고집할 필요도 없다. 확장형의 넓은 아파트에 살다가 주말이면 66.11㎡(20평) 미만의 작은 집에서 가족이 한 이불을 덮고 자는 것도 아이에게는 특별한 추억이기 때문이다.

가족들의 의견이 모아지고 시골살이에 대한 결심이 섰다면, 이제부터는 우리 가족이 보금자리를 만들면 좋을 만한 곳이 어딘지 주말마다 투어를 다녀보자. 가족이 살 곳을 찾아다니는 것도 하나의 추억이고 행복이다. 그뿐인가. 후에 집을 구입해 개조하거나 땅을 사서 집을 짓는 과정도 부모와 아이들에게 좋은 추억이 된다. 아버지가 직접 만든 테이블, 내가 날라서 쌓은 벽돌, 가족이 다함께 심은 마당의 나무 등 집을 짓기 위해서 마음의 결정을 내린 순간부터 가족과 함께하는 즐거운 프로젝트가 하나 생긴 것이다. 집을 짓는 일은 인생에서 매우 중대한 결정 중 하나이다. 앞으로 가족과 함께 최소 1년 이상 같이 이야기 나누고 같이 움직이며 집을 만들어가게 된다. 그리고 집에서 가족이 함께 만들어가는 추억은 계속 쌓여나갈 것이다.

이 책이 누군가의 넉넉한 시골살이, 행복한 집 짓기에 조금이라도 도움이 되길 바라며….

Contents

004　**Prologue**

PART 01.
집, 땅 사서 지을까? 집 사서 고칠까?

집 지을 땅 찾기

017　행복한 시골생활, 가족이 모두 편한 동네를 찾자
021　시골의 대부분인 논, 밭, 임야에 집 짓기
025　──── **TIP 임야나 농지에 집을 지을 때 필요한 절차**
026　내가 원하는 땅, 어떻게 찾을까?
031　땅 구매 전 체크리스트
037　땅 구매, 사례로 보기

리모델링 가능한 집 찾기

045 　꼭 땅을 사야 하는가? 버려진 농가주택이 생각보다 많다

046 　──── **TIP 시골집 정보를 알 수 있는 곳**

048 　마음에 드는 집 발견, 이것만은 확인하자

053 　──── **TIP 돈 아끼는 집 고르기 핵심 포인트**

054 　집을 구했다면 수리 우선순위를 정해야 한다

056 　──── **TIP 집 수리 시 꼭 해야 할 것**

057 　리모델링 & 집 짓기, 공간별 아이디어

PART 02.
집 짓기 전에 꼭 알아야 할 것들

믿을만한 업체 선정부터 비용 절감하는 설계의 핵심까지

077   믿을만한 설계사와 시공사 선정하기

088   ──── **TIP 설계 의뢰 후 확인해야 할 사항들**

089   ──── **TIP 시공 계약 시 확인해야 할 사항들**

090   비용을 절감하는 설계 디테일

097   따뜻한 집 만들기

101   ──── **TIP 단열재별 장단점**

102   시골에서 도시가스를 기대하기는 어렵다

105   단독주택의 가장 큰 골칫거리, 누수 막는 포인트

114   자식에게 물려주고 싶은 집, 어떻게 관리해야 할까?

셀프 집 짓기! 공정별·상황별 체크리스트

126 설계 - 거실과 주방을 어떻게 배치할 것인가

136 기초공사 - 기초는 동결선보다 아래에

138 —— **TIP 기초공사 알아보기**

139 구조공사 - 부재 사이즈를 정확하게 지키고 있는가

144 —— **TIP 콘크리트, 목구조, 철골 무엇으로 해야 할까?**

144 —— **TIP 목구조 진행 시 체크리스트**

145 전기 및 설비공사 - 시공부터 집 지은 뒤까지 계속되는 공정

149 단열공사 - 창호는 브랜드보다 유리의 두께가 생명

152 내외부 마감공사 - 예산에 맞춘 합리적인 자재 선택이 우선

155 —— **TIP 외부 마감재 종류별 장단점**

156 등기구 및 위생기구공사 - 등기구는 인터넷, 위생기구는 큰 매장에서

159 기타 부대공사 - 꼭 필요한 부대공사 & 건축주가 직접 할 수 있는 부대공사

165 —— **TIP 한눈에 보는 추가 비용 리스트**

PART 03.
집, 고쳐 살기

170 **삼척 고향에 마련한 작은 카페와 시골집**

: 경치 좋은 산속, 자연의 재료로 지은 시골집과 아담한 카페. 현대식 화장실 설치, 지붕공사, 카페 확장 공사 등 필요한 곳만 개조한 시골집 리모델링.

196 **91.84m²(27평) 작은 집에 복층 아이디어를 더한 주택 리모델링**

: 아이들이 뛰놀 수 있는 넓은 마당이 있는 빨간색 벽돌 시골집. 작은 시골집에 다락방을 만들어 6인 가족이 살 수 있는 집으로 개조, 작은 집을 넓고 환해 보이게 하는 아이디어가 돋보이는 시골집 리모델링.

PART 04.
집, 지어 살기

220 **건축면적 64.86m²(19평)에 지은
세 가족의 행복한 보금자리, '집애가면集愛家眠'**

: 충청도 아산에 지은 세 식구의 보금자리. 64.86m²(19평)의 작은 집임에도 주방과 거실을 터서 넓어 보이게 만든 집. 1층은 공용공간, 2층은 부부와 딸아이의 방과 샤워실, 세탁실을 두어 편리한 동선으로 지어졌다.

242 **다용도로 사용 가능한 차고가 딸린 집 '가인재佳人齋'**

: 카페, 바비큐 공간으로 활용 가능한 차고가 있는 단독주택. 차고 겸 카페는 물론 마당 한편에 만든 작은 텃밭과 집 앞에 설치한 해먹까지, 가족과 함께할 수 있는 공간이 가득한 집!

264 **아이들에게 주는 선물 '톡톡하우스'**

: 계단 미끄럼틀, 가족 영화관, 다락방 등 아이들이 추억을 만들 수 있는 공간이 풍성한 '톡톡하우스'. 다락방 한편에 아빠만의 독립된 공간까지 마련한 네 가족의 보금자리!

282 **Epilogue**

Part 01

집,
땅 사서
지을까?
집 사서
고칠까?

집, 땅 사서 지을까? 집 사서 고칠까?

집 지을
땅 찾기

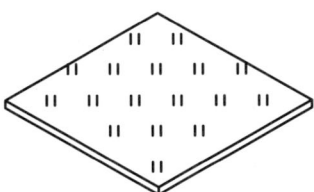

+ 행복한 시골생활, 가족이 모두 편한 동네를 찾자
+ 시골의 대부분인 논, 밭, 임야에 집 짓기
+ 내가 원하는 땅, 어떻게 찾을까?
+ 땅 구매 전 체크리스트
+ 땅 구매, 사례로 보기

처음부터 땅을 사서 할 생각이라면
고민해야 할 것들이 많다.

도시를 떠나 집을 지을 땅을 두 발로 직접 찾아
나선 사람들에게 필요한 정보들을 알아보자.

행복한 시골생활,
가족이 모두 편한 동네를 찾자

+

보통 시골에 전원주택을 짓는다고 하면 푸른 바다가 보이거나 풍광이 수려한 산으로 둘러싸인 그림 같은 집을 상상한다. 이러한 로망을 안고 집을 지을 땅을 알아보는 사람들이 많은데, 사실 시골은 대부분이 농지나 임야이다. 많은 건축주가 농지나 임야를 매입하면, 바로 공사에 착수해도 되는 것으로 안다. 안타깝게도 그렇지 않다.
임야나 농지에 집을 짓기 위해서는 형질 변경, 용도 변경, 건축, 지목 변경 등의 절차와 도로, 정화시설 등이 필요하다. 보통 시골에 위치한 땅이 시내와 근접한 땅보다 저렴하기는 하지만, 형질 변경을 할 때 납부하는 세금과 토목공사, 기반시설을 갖추는 데 상당한 추가비용이 발생한다. 이것말고도 필요한 절차는 또 있다. 집을 짓기에 적당한지 땅의 상태도 확인해야 한다. 이처럼 임야와 농지는 단순하게 땅만 매입하고 끝이 아니다. 충분한 시간을 들여 관련 정보들을 파악하는 과정이 필요하다. 어떤 사람들은 도시 외곽 지역에 가서 여기저기 전원주택단지를 구경하고 싸게 나온 농지나 임야에 관심을 갖기도 한다. 전원주택으로 회사가 분양하는 땅은 안정적이고, 기반시설도 대신해주기 때문에 크게 고민할 게 없다. 하지만 처음부터 땅을 사서 할 생각이라면 고민해야 할 것들이 많다. 집을 지을 땅을 두 발로 직접 찾아 나선 사람들에게 필요한 정보들을 알아보자.

요즘은 수도권 전철이 많이 개통되고 계획도 많이 잡혀 있다. 도로도 잘 닦여 있어 차가 막히지만 않는다면 1시간 안에 서울에 진입할 수 있는 지역이 점점 많아지고 있다. 10년 전만 해도 용인, 성남 정도가 수도권이었다면 이제는 화성, 이천, 여주까지 수도권으로 봐도 무방할 정도이다. 심지어 원주, 춘천도 서울까지 1시간이면 올 수 있는 거리가 되었다. 천안도 KTX를 이용하면 1시간 안에 서울에 올 수 있다. 서울을 벗어나 좀 더 자연과 가까이 생활하고 싶은 많은 사람들에게는 희소식이 아닐 수 없다. 선택의 폭이 점점 넓어지고 있으니 말이다.

노후를 보낼 집을 짓기 위해 전망 좋고 한적한 장소를 우선순위에 두고 찾고 있지만, 당장은 아이들을 포함해 모든 가족이 이동해야 하기 때문에 어느 정도 주변에 생활권이 형성되어 있는 곳을 원하는 사람도 있을 것이다.
무엇보다 40년 넘게 도시생활을 해왔다면, 마트 한 번을 가려고 해도 1시간 이상 차를 타고 나가야 하는 오지 같은 시골보다 어느 정도 근거리에 생활권이 형성되어 있는 지역이 좋다. 필자가 제주도에서 집을 지을 때도, 도시에서 내려와 3년 정도 살았는데 생활이 힘들어서 다시 육지로 넘어간다는 분들의 이야기를 심심치 않게 듣곤 했다. 쇼핑할 데가 마땅치 않아서, 텃세가 너무 심해서 등 시골생활을 포기하고 돌아가는 사람들의 이유도 매우 다양하다. 도시생활을 오래 해왔다면, 오지로 들어가 자연인처럼 살기를 고집하기보다는 가족들이 모두 수긍할 수 있는 장소를 찾는 데 집중하자. 앞으로 살 동네를 정하는 것이 바로 집 짓기의 시작이다.

검색 지도창을 열어놓고 고속도로 톨게이트, 기차역, 버스 터미널, 주변

쇼핑센터, 마트 등이 얼마나 가까이 있는지 확인하고, 동네를 정했다면 주말을 이용해 그 동네를 둘러보고 근처 부동산을 찾아가 땅을 소개받는 일을 오랫동안 해야 한다. 그러다 보면 내 눈에 들어오는 땅이 보이고 가족들이 만족할 수 있는 동네가 보일 것이다.

마음에 드는 지역을 발견했다면, 인터넷상에 다음이나 네이버 지도를 켜고 반경버튼을 눌러서 10킬로미터 이내에 있는 편의시설이나 교통시설을

오른쪽 사진처럼 개발이 잘되어 있는 토지도 많다.

부동산 개발회사가 100평 정도씩 잘라서 분양하기도 한다. 가격은 도심지에 비해서 절반 수준이다.

확인해보는 것이 좋다. 아래 사진을 예로 들어보겠다. 여주 오학동에 위치한 주택단지가 있다. 그곳(사진 속 A)을 기준으로 반경 10킬로미터를 확인해보면 시청, 여주 버스터미널, 판교로 이어지는 전철이 들어설 여주역, 여주IC 등 여러 고속도로가 접해 있고 여주 프리미엄 아울렛도 있다. 또한 남한강을 중심으로 공원시설도 잘되어 있다. 출퇴근 거리만 큰 문제가 없다면 살기에는 무난한 장소이다. 어린아이나 학교에 다니는 자녀가 있다면 오지는 적응하기 힘들고 안전 면에서 불안할 수도 있다. 그러므로 도농복합도시 중에 좀 더 자연을 가까이 할 수 있는 지역을 염두에 두고 알아보자. 수년 이내 집을 지을 생각으로 땅을 알아보고 있다면, 이렇게 지도상에서 주변 시설들을 한번 점검해본 뒤 땅을 찾아 나서는 것이 좋다. 기본 정보가 있어야 땅의 위치나 주변 시설에 대한 이해도 훨씬 빠르다. 부동산 중개인의 말도 중요하지만 어디까지나 중개업자들은 나에게 땅을 파는 것이 목표이다. 기본적인 정보는 스스로 알아보고 찾아 나서자.

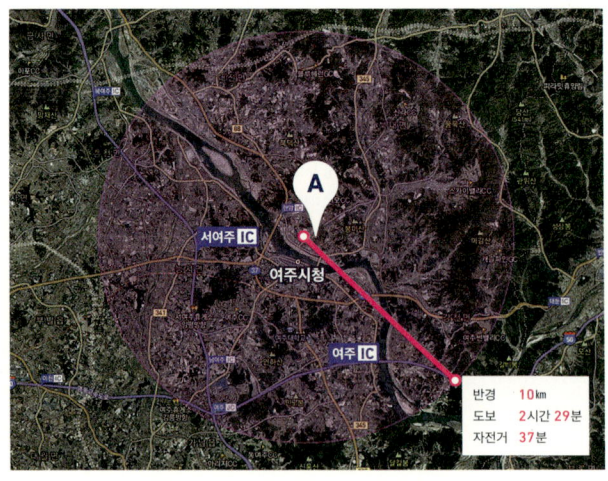

여주 오학동 전원주택 부지를 중심으로 10킬로미터 반경을 확인할 수 있다.

시골의 대부분인
논, 밭, 임야에 집 짓기

대체로 사람들이 집을 지을 때 가장 많이 찾는 땅은 전, 답, 임 정도이다. 먼저 전은 물을 상시로 이용하지 않는 작물을 재배하는 토지이다. 흔히 말하는 밭이라 할 수 있다. 답은 물을 상시로 이용해서 벼 등을 재배하는 토지이다. 즉 논을 의미한다. 임은 임야로 산을 뜻한다. 물론 산이 아닌 수림지, 자갈땅, 모래땅, 습지, 황무지 등도 임야로 보기도 한다. 보통 사람들에게 이 중 무엇이 가장 궁금하냐고 물으면, 대부분 가장 먼저 하는 질문은 "가격 차는 어떤가요?"이다. 통상적으로는 임야가 제일 저렴하고 그 다음이 논, 그리고 제일 비싼 것이 밭이라 할 수 있다. 단, 상황과 여건에 따라 가격은 천차만별이라는 사실.

농지전용, 산지전용은 논이나 밭, 산을 집을 짓기 위해 대지로 바꾸는 것을 의미한다. 그러나 농지는 전용이 되지 않는 땅도 있기 때문에 구매하기 전에 시청이나 군청의 담당 허가부서를 찾아가서 직접 문의해야 한다. 허가부서를 찾아가서 농지전용이 가능한 땅인지 건폐율과 용적률은 얼마인지 꼼꼼히 알아본다. 부동산 아저씨의 말만 믿고 덥석 구매했다가 농업진흥구역 등으로 묶여 있는 땅을 사면 집을 짓기 어렵다. (이러한 상황에서도 집을 지을 수 있는 방법이 있다. 바로 내가 농업인이면 된다.)

다른 경우는 방법을 모색해볼 수 있지만 어떤 경우에도 집을 지을 수 없는 땅이 있다. 바로 맹지(도로와 맞닿은 부분이 전혀 없는 토지)이다. 아무리 배산임수형 땅에 전망이 좋아도 도로가 연결되어 있지 않다면 집을 지을 수 없다. 그러므로 구매하려고 하는 땅에 도로가 연결되어 있는지, 아니면 땅을 도로로 편입시키면 도로에 접할 수 있는지 등 여러 가지를 확인하고 구매해야 한다.

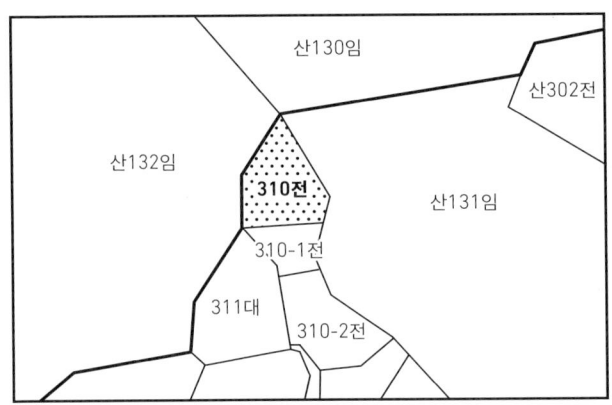

지적도상 맹지인 땅
310번지는 도로가 연결되어 있지 않다. 이런 땅이 맹지이다.

농지전용 허가는 토목측량사무소를 통해 받는 것이 가장 편한 방법이다. 관할시청이나 군청 앞에 가면 토목측량사무소를 어렵지 않게 찾을 수 있다. 농지전용 허가를 직접 진행하기란 거의 불가능에 가깝다. 주변 건축물, 도로상황까지 파악 가능한 지적도나 토목 설계도면 등이 필요하기 때문에 관련업체에 발주하고, 확실하게 맡기는 편이 낫다.
종종 맹지를 개인이 작업해서 도로에 접한 땅으로 만든 경우가 있다. 직접 상담했던 땅을 예로 들어보겠다. 상담자의 땅은 3미터 너비의 막다른 도로에 접해 있었는데, 3미터 너비의 도로가 30미터가 넘게 들어와 있었다. 막다른 도로의 길이에 따른 도로 너비의 기준은 다음과 같다.

막다른 도로의 길이	도로의 너비
10미터 미만	2미터
10미터 이상 35미터 미만	3미터
35미터 이상	6미터 (읍면지역은 4미터)

이 도로가 없다면 이 땅은 맹지다. 맹지인 땅을 작업해서 도로가 접한 땅으로 만든 것이다. 집주인은 2,645㎡(800평)가 넘는 이 땅을 분할해서 집도 여러 채 짓고, 나중에 팔 것도 생각해서 구매했다. 하지만 우리나라 법상 진입거리가 35미터 이상이면 도로 폭이 4미터 이상이어야 한다. 도면을 살펴보니 딱 34미터까지 만들어 연결시켜 놓은 농지였다. 이 땅은 도로에 접하기는 했지만 분할을 할 수가 없다. 필지를 분할해서 여러 필지로 만들려면 도로를 분할된 필지에 다 연결시켜 주어야 하는데, 그러면 도로가 35미터 이상으로 길어지므로 진입로 너비도 확장해야 한다. 하지만 이 땅의 진입로는 더 이상 확장할 수 없는 최소화된 도로였다. 이 경우 땅은 2,645㎡(800평)이지만 하나의 필지로밖에 활용하지 못한다. 확장이 불가능한 것이다. 땅을 분할할 수 없으니 2,645㎡(800평)가 하나의 대지가 된다. 만약 전용비용이 부담스러워 도로에 접한 일부 땅만 대지로 전환한다면 나머지 땅들은 맹지가 되어버린다. 매매 역시 힘들어진다. 그러므로 땅을 구매하기 전에 꼼꼼히 알아봐야 한다.

산지전용은 개인이 하는 경우는 드물다. 산지는 기본 3,305㎡(1,000평) 이상의 큰 면적 단위로 팔기 때문에 개인이 사기에는 면적은 물론 가격도 부담스럽다. 산지는 대부분 사업목적으로 구매해서 땅을 분할한 뒤 각

개인들에게 판매한다. 이런 땅은 오히려 절차가 편하다. 일단 세금이 명확하기 때문에 정해진 대로 내면 된다. 그뿐인가. 건축허가도 받은 땅이라 부지조성만 완료되었다면 바로 집을 지을 수 있다. 나라에서 전용신청을 받을 때 땅만 대지로 전환하고 집은 짓지 않은 채 매매하는 것을 막기 위해 건축허가도 함께 진행하고 있기 때문이다. 그래서 산지전용으로 분양되는 부지는 대부분 바로 집을 지을 수 있다. 단, 산지전용은 농지전용에 비해 공사비가 많이 나온다. 벌목은 물론 옹벽도 설치해야 하고 파손한 산지에 대해 대체조림비도 내야 하는 등 부담해야 할 세금도 만만치 않다.

복잡한 법규와 절차 때문에 경험 없는 개인이 '셀프'로 대지 변환을 하기는 매우 힘들다. 일정 정도의 비용을 지불하더라도 관련 업체에 믿고 맡기는 것이 가장 좋다. 단지개발은 오랫동안 이 일을 하고 있는 회사도 오랜 시간에 걸쳐 힘들게 작업하는 경우가 많다. 이 모든 과정을 개인이 한다면, 집을 짓기도 전에 이미 지치기 쉽다.

임야를 개간해서 땅을 만들고 있다. 엄청난 일이기에 개인이 하기에는 힘들다.

논, 밭, 임야의 장단점

	논	밭	산
장점	가격이 저렴하다. 비교적 구하기가 쉽다.	바로 집을 지을 수 있다. 밭은 대부분 도로보다 높게 형성되어 있어서 부대비용을 줄일 수 있다.	가격이 저렴하다.
단점	도로보다 낮기 때문에 흙을 깔아야 한다. 땅에 물이 차 있기 때문에 치환작업을 통해 땅을 변형시켜야 한다.	가격이 비싸다. 집 짓기 좋은 토지는 이미 대지로 변형된 만큼의 가격이 올라 있다.	많은 면적을 구매해야 한다. 부대비용이 많이 든다.

[TIP] 임야나 농지에 집을 지을 때 필요한 절차

부동산을 통해 땅을 구매한 이후, 등기가 이전되면 바로 시청이나 군청 앞에 있는 토목설계사무소를 찾아간다. 내가 원하는 집의 크기를 정하고 필요한 만큼만 대지로 변경하겠다고 하면 토목설계사무실에서 알아서 해준다. 아니면 건축설계사무실을 찾아가 설계를 의뢰하면 형질변경까지 대행해서 진행해준다. 이런 비용은 혼자 한다고 해도 많이 아낄 수 없는 비용이다. 좋은 회사를 찾아서 맡기는 것이 여러모로 효율적이다.

농지 대지 변환 시 예상 소요 비용

토목설계비용	건축설계비용	전용비용	주변 배수공사
300~500만 원	300~500만 원	공시지가의 30%	300만 원*

* 농지를 대지로 바꾸기 때문에 대지에 우수계획을 잡아서 제출한 뒤 시공해야만 허가가 난다.

내가 원하는 땅,
어떻게 찾을까?

역시 배산임수형 지형이 좋다

북서쪽이 높고 남동쪽이 낮은 부지가 채광도 좋고 집을 남향으로 짓기에도 좋다. 쉽게 말하면 집 뒤가 산이고 집 앞이 낮은 곳을 향하고 있는 땅이 좋다는 이야기이다. 배산임수형 지형이어서 좋기도 하지만 그보다 더 중요한 이유가 있다. 집을 지을 때 필히 들어가야 하는 것이 오수관로다. 대부분 시골집은 도심처럼 땅에 오수관로가 묻혀 있지 않다. 도시의 경우 집에서 사용하는 오수가 오수관로를 통해 흘러가는 데 비해, 시골집은 땅에 정화조를 묻어서 그곳을 통해 정화된 물이 흘러나가게 해야 한다. 자연히 땅이 낮으면 물이 흘러가지 못한다. 이런 경우 또 다른 기계를 사용해야만 한다. 집에서 사용한 물이 자연스럽게 도랑이나 개천까지 흘러갈 수 있는지는 집을 지을 때 고려해야 할 중요한 요소 중 하나이다.

배산임수형
뒤쪽에 산이 있고 아래로 갈수록 부지가 낮아지면서 남한강이 흐른다.

전망이 좋은 곳을 찾자

도시에 살면, 특히 아파트에 살면 맞은편 아파트에서 우리 집을 쳐다보지 않는데도 괜히 신경이 쓰여서 커튼을 치고 사는 사람들이 많다. 타인의 시선에서 자유롭고 싶은 사람이라면, 집을 지을 때 도로나 집이 보이는 곳이 아니라 먼 경치가 보이는 위치가 좋다. 쉽게 말해 집이 조금 높은 곳에 위치하는 게 좋다.

남향으로 집을 지을 수 있는 땅을 찾자

요즘에는 냉난방기구의 성능이 워낙 좋고, 사람들의 라이프스타일도 대부분 낮에는 밖에서 활동하고 밤에만 집에 머무르는 경우가 많아서 반드시 집을 남향으로 배치할 필요는 없다. 하지만 이왕이면, 특히 땅을 사서 직접 집을 지을 생각이라면 남향이 좋다. 거실 창을 크게 내고 볕이 잘 들게 한다면 겨울에도 거실의 온도가 20도 이하로 내려가지 않게 할 수 있기 때문이다. (물론, 단열이 잘되는 집이라는 전제하에!) 그러므로 남향 또는 남동향, 남서향으로 집을 지을 수 있는 터를 찾자. 남동향은 아침에 햇빛이 많이 들고 남서향은 저녁에 햇빛이 든다. 각자의 라이프스타일을 고려하는 것이 좋다. 필자는 개인적으로 아침에 햇빛이 드는 것이 좋다.

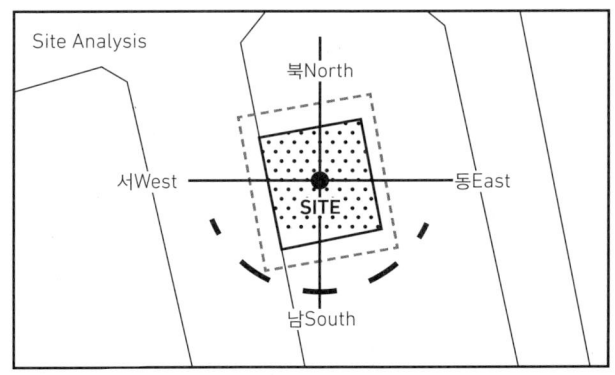

건물을 남향으로 배치할 수 있어야 한다. 인터넷 지도는 보이는 그대로가 동서남북이라고 이해하면 된다.

부대적인 공사가 덜 들어가는 땅을 찾자

집을 짓기 위해서는 땅이 대지로 되어 있어야 한다. 하지만 그런 땅은 가격도 비쌀 뿐 아니라 찾기도 힘들다. 대부분은 밭이나 논을 찾게 된다. 둘 중 하나를 골라야 한다면 밭이 좋다. 물론 답으로 되어 있는 논도 실제로 논농사를 짓지 않았다면 상관없다. 논으로 사용했던 땅은 항상 물을 받아야 하기 때문에 땅이 젖어 있다. 집터로 하기에는 땅이 너무 무르다. 그래서 집을 짓기 위해서는 치환작업을 해야 한다. 기존의 흙을 걷어내고 자갈을 깔고 다시 좋은 흙을 깔아야 한다. 그래도 다져지지 않으면 파일을 박아서 집을 지어야 한다. 돈이 많이 들어갈 수밖에 없다. 땅값이 싼 데는 다 이유가 있다. 땅값이 싸다고 덜컥 샀다가 집을 지을 때 드는 부대적인 공사비용 때문에 놀라는 경우가 많다. 땅을 살 때에는 집을 짓는 데 드는 비용도 함께 고려해야 한다.

개천이 가까운 땅을 찾자

앞에서 말했듯이 시골집은 개천이 가까워야 한다. 도심처럼 오수관로를 통해서 오수를 버리는 것이 아니라 정화조를 통해서 오수가 나가야 하는데 이때 관로를 가까운 개천까지 연결해줘야 한다. 개천이 너무 멀리 있다면 거기까지 연결하는 관로공사 비용이 많이 들어갈 수밖에 없다. 또한 길이가 길면 관로는 자연스럽게 물이 흘러가야 하기 때문에 구배를 잡아줘야 한다. 구배는 물이 흐를 수 있게 경사를 잡아주는 것으로, 개천 즈음에서 깊이가 상당히 내려가야 한다. 이때 개천이 너무 얕다면 공사가 힘들어질 수도 있다.

경사가 가파르지 않은 땅을 찾자

많은 사람들이 경사진 땅을 사서 평평하게 다져서 집을 지으면 되겠구나,

하고 생각한다. 생각해보자. 경사지의 가운데를 기준으로 평평하게
다져준다면 양쪽 끝은 그 높이만큼 한쪽은 올라가고 한쪽은 내려가게 될
것이다. 이곳에 옹벽이나 보강토블록, 석축 등을 시공해야 한다. 그래야
평평한 땅이 되기 때문이다. 잘못하면 땅값보다 옹벽값이 더 들 수도 있다.
실제 그런 땅이 상당히 많다. 그러니 경사가 너무 가파르지 않은 땅을
구매하는 것이 좋다.

사진처럼 경사지 땅을 구매하면 옹벽공사를 해야 하므로 부대적으로 비용이 증가한다.

주변에 전봇대가 있는지 확인하자

집을 짓고 사는 데 전기는 필수이다. 땅을 보고 '전망이 좋고 전봇대도
없어 좋네'라고 생각하고 덥석 구입하면 문제가 생긴다. 보기엔 좋을지
몰라도 전신주를 박아서 전기를 끌어오는 데 상당한 비용이 발생하기
때문이다. 근처에 전봇대가 있으면 최소의 금액으로 전기를 끌어올 수
있다. 단, 내 땅에 전신주가 있다면 한전에 옮겨달라고 요구할 수 있다.
게다가 무상으로! 전신주 4개, 즉 전신주 간격이 50미터이므로 200
미터까지는 무상으로 진행해준다. 하지만 그 이후부터는 사비로 옮겨야
한다.

공시지가가 저렴한 토지를 사자

공시지가가 저렴하면 대체로 땅값도 싸다. 가장 큰 이유는 세금 때문이다. 밭이나 논을 대지로 전환할 경우 나라에 세금을 내야 한다. 전용허가라고 하는데 밭을 집을 지을 수 있는 대지로 전용하면 땅값이 올라가기 때문에 오른 만큼 일정 부분의 세금을 내는 것이다. 그게 공시지가의 30%이다. 그러니 공시지가가 높으면 세금을 많이 내야 한다. 그러므로 공시지가가 낮은 땅을 알아보는 것도 좋은 방법이다. 찾아보면 주변 시세에 비해서 현저히 낮은 땅도 많다. 공시지가는 온나라부동산정보(www.onnara.go.kr)에 들어가서 주소를 검색하면 바로 알 수 있다.

이외에도 주변에 사는 사람들과 이런저런 대화를 나누면서 친분을 쌓는 것도 중요하다. 실제 많은 사람들이 이사를 갔다가 주변 사람들과 어울리지 못해 원래 살았던 곳으로 돌아온다. 도시에서 아파트 생활을 할 때도 층간소음 때문에 이사를 가듯, 시골도 이웃들과 어울려 지내지 못하면 생활이 힘들어진다. 그래서 주변에 어떤 이웃들이 살고 있는지 알아보는 것도 매우 중요하다.

땅 구매 전
체크리스트

남의 땅을 거쳐서 들어가야 하는 곳인지 확인하자

시골은 도시처럼 도로와 대지가 구획되어 있지 않기 때문에 밭이나 산에 집을 짓기도 한다. 물론 대지는 도로에 접해야만 집을 지을 수 있다. 옛날에는 앞집에 사는 사람한테 "여기에 집을 지을 건데, 이쪽으로 도로 좀 사용할게." 하면 그러라고 하는 경우도 있었다. 요즘에는 이해할 수 없는 일이지만 얼마 전 종영된 드라마 <응답하라 1988> 속 주인공들처럼 가족만큼 가까운 이웃사촌이 존재했던 시절이었기에 가능한 일이었다. 그래서 밭으로 사용하던 땅에 집을 짓고 집에 들어갈 때는 앞집을 통해서 들어가는 일이 비일비재했다. 물론 지금은 상상할 수도 없는 일이다. 오히려 분쟁의 이유가 되기도 한다. 그러므로 땅을 구매할 때는 접해 있는 도로가 국도인지, 사도인지 확인해보고 사도라면 땅주인의 도로사용허가동의서를 첨부해서 땅을 구매하는 게 좋다. 물론 가장 좋은 건 도로까지 매입하는 것이다.

2번지 땅은 12번지 도로를 통해서 들어오게 되어 있다. 이 도로 주인은 개인이다. 이 경우 재건축을 하는 데 여러 제약이 있다.

도로가 땅에 포함되어 있는지 확인하자

부동산을 구매하면서 종종 저지르는 실수 중 하나가 전용면적에 대한 것이다. 내가 구입한 땅 330㎡(100평)가 접해 있는 도로 포함이라면 실제 내가 사용할 수 있는 땅은 231㎡(70평) 정도밖에 되지 않는다. 내가 매입하는 땅의 크기가 전용면적인지 도로를 포함한 분양면적인지 반드시 확인해야 한다. 분양회사가 분양하는 택지는 거의 도로를 포함한 분양면적이라고 보면 된다. 땅은 330㎡(100평)지만 내가 사용하는 면적은 330㎡(100평)가 되지 않는다고 생각하면 된다.

집 짓는 부지가 높은 곳에 있어 경사가 급하다. 이런 경우
마당으로 쓸 수 있는 땅, 즉 전용면적은 작아질 수밖에 없다.

내가 구입할 땅 위에 옆집이 지어져 있지 않은지 확인하자

우리나라는 일제 강점기에 사용하던 지적측량 방식을 따라오다가 최근에 위성으로 디지털측량을 하면서 위치가 조금씩 달라졌다. 때문에 실제 지적측량을 하면 현재 담장이나 구획과 땅의 위치가 조금 다를 수 있다. 만약 지적측량을 했을 때 3.3㎡당 100만 원이 넘는 땅의 33㎡(10평) 정도가 남의 땅으로 넘어가 있고, 그 땅 위에 집이 지어져 있다면 33㎡(10평)에 해당하는 면적에는 집을 지을 수 없다.

흔히 "내 땅 위에 다른 사람의 집이 지어져 있으면 재산권을 행사하면 되지 않느냐?"라고 생각하기 쉽지만, 그 사람이 집을 다시 짓기 위해 철거를 하지 않는 이상 그 땅은 가지고 올 수 없는 땅이다. 법으로도 그렇게 되어 있다. 그러므로 집을 짓기 위한 목적이라면 경계측량을 해본 뒤 구매하는 것이 좋다.

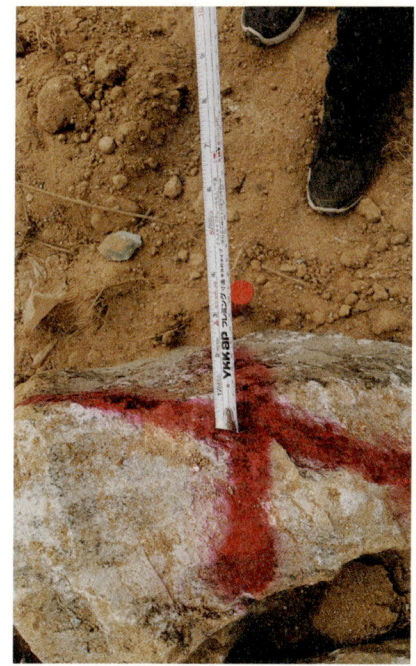

경계측량을 해보면 사진처럼 담장이 넘어오는 경우가 있다.

논보다는 밭이 집 짓기 좋은 땅이다

논은 오랫동안 물을 받아서 농사를 지은 땅이다. 흙이 진흙과 같은 상태이기 때문에 바로 집을 지으면 땅이 꺼질 우려가 있다. 만약 논을 사서 집을 지을 예정이라면 물길을 돌려서 더 이상 땅에 물이 들어오지 않도록 조치를 취하고, 자갈과 흙으로 성토를 해서 오랜 기간 다짐을 해줘야 한다. 바로 착공을 해야 한다면 다짐작업을 제대로 해주든지 파일을 박아서 기초공사를 해야 한다. 반면에 밭은 농사를 짓기는 했지만 성토된 땅에 밭농사를 한 땅이기 때문에 다짐이 잘되어 있다. 따로 다짐작업을 해줄 필요는 없고, 약간 걷어내고 마사토를 깔아주면 좋다.

땅이 도로보다 낮으면 비용이 많이 들어간다

논은 물길을 대야 하기 때문에 도로보다 낮고 밭은 물길이 들어오면 안 되기 때문에 도로보다 높은 경우가 많다. 생각해보자. 만약 내가 살 집을 짓는데 도로보다 마당이 낮다면, 비가 내릴 때마다 빗물이 땅으로 들어올 것이다. 그래서 집을 지을 땅은 무조건 도로보다 높은 게 좋다. 생각보다 싸게 나온 땅이 있다면 접해 있는 도로와 레벨 차이가 큰 땅일 확률이 높다. 땅이 낮다면 흙을 받아서 성토를 해야 하고 땅이 높다면 옹벽을 만들어서 땅의 흙이 쓸려 내려가지 않게 해야 한다. 도로를 기준으로 땅의 레벨이 어느 정도인지 확인해야 토목 공사비를 예상할 수 있다.

땅주인과 집주인이 같은지 확인하자

"땅주인과 집주인이 다르다?" 이게 무슨 말도 안 되는 이야기인가 싶을 것이다. 하지만 시골집은 이런 경우가 제법 많다. 아우가 "형님 땅에 집 좀 지을게요." 하고 부탁하면 "1년에 쌀 한 가마니만 내거라." 하고 집을 짓도록 허락해주는 식으로 계약된 땅이 많기 때문이다. 지금도 쌀가마

가격을 기준으로 연 임대료를 내고 살고 있는 사람들도 많다. 즉 땅주인과 집주인이 다른 것이다. 이럴 때는 부동산 계약 시 내가 살 기간 동안 아무 문제가 없도록 특약사항을 만들어두자. 지하수 역시 다른 땅에 공사된 지하수를 끌어다 마시는 거라면 계약서에 표기해야 한다. 이때는 지하수 관정이 묻혀 있는 땅주인이 땅을 매매하더라도 계속 지하수 사용을 허하는 조건으로 땅을 매매하자. 만약 땅주인이 돌아가신 분이거나 개인이 아니라 어떤 가문의 땅이라면 매수가 쉽지 않다. 종중의 모든 사람에게 도장을 받아야 하고, 만약 돌아가셨다면 자식들에게 모두 도장을 받아야 하기 때문에 이전이 쉽지 않은 것. 이런 사항들도 꼼꼼하게 확인하자.

꼭 현장에 가서 사자

부동산 말만 믿고 또는 현수막을 보고 찾아간 분양사무실 영업사원의 화려한 말솜씨에 혹해서 바로 계약금을 거는 경우가 있다. 뒤늦게 계약을 취소하고 싶어도 계약금을 날리기 싫어서 어쩔 수 없이 매입을 한다. 필자가 부지 상담을 하다 보면, 차라리 계약금을 날리는 게 나을 정도로 난감한 땅도 많다. 예를 들어 토목 공사비가 2억 이상 들어가는 땅 같은 경우이다. 땅이 2억이 채 안 되는데 말이다. 땅을 알아볼 때는 꼭 현장을 가보고 혼자 판단하기 힘들다면 전문가에게 출장비를 줘서라도 의견을 들은 뒤에 구입하자. 투자 목적이 아니라 그 땅에 내가 평생 살 집을 지을 계획이라면 더더욱.

계획도로가 있는지 확인하자

현장을 가보니 밭밖에 없는 넓은 부지여서 집 짓기에 충분하겠다고 생각하고 땅을 샀다. 그런데 건축허가를 받으러 가보니 집을 지을 수 있는 땅이 채 반도 안 되는 것이 아닌가. 바로 그 땅에 계획도로가 예정되어 있기 때문이다. 이 계획도로는 도시계획을 잡으면서 도로로 미리 정해놓았지만 예산부족 등의 다양한 이유로 아직 진행은 하지 않은 땅이다. 하지만 계획이 취소되지 않는 한 도로로 계획이 잡혀 있는 곳에는 집을 지을 수 없다.

민원사이트에서 토지이용 계획확인원을 확인해보면 더러 빨간색으로 도로 표시가 되어 있는 경우가 있다. 이것은 향후 도로가 이렇게 만들어질 예정이라는 뜻이다. 그러므로 해당 도로 안에서는 신축을 할 수가 없다. 도로가 생기면 전부 보상해서 철거를 해야 하는 곳이기 때문에 건축허가를 내주지 않는다. 땅을 구매하기 전에 민원사이트에서 토지이용 계획확인원을 꼭 확인해보고 도로를 피해서 집을 지을 수 있는지, 남아 있는 부지는 충분한지를 검토해봐야 한다. 도로가 생기면 좋은 점도 있지만 단점도 있으니 향후 계획을 꼭 확인해보자.

땅 구매, 사례로 보기

일단 집을 지으려면 땅부터 사야 하고 집을 리모델링하려고 해도 집이 지어진 땅을 사야 한다. 여기서부터 고민이 시작된다. "이 땅을 정말 사도 될까?" 시작부터 심각한 고민에 빠지게 된다. 왜 안 그럴까? 땅을 사서 집을 짓는다는 건, 자신이 가진 재산의 상당 부분을 투자해야 하는 일이니 말이다. 이때 많은 사람들이 "이 땅을 사면 가격이 오를까? 향후에 이득을 좀 볼 수 있을까?"를 재보고 따진다. 하지만 돈 생각이 먼저 앞서면 다른 것들을 진행할 수가 없다. 집을 지어서 내가 원하는 만큼 집값을 제대로 받기는 힘들다. 집은 시간이 지나면 가격이 떨어지기 마련이다. 천정부지로 치솟는 아파트값이 오히려 매우 비정상적이다. (지금은 그렇지 않지만.)

1 LH에서 분양하는 주택전용부지.

2 시행회사가 도심지에 분양하는 주택전용부지, 제일 비싸다.

투자 목적으로 아파트를 살 게 아니라 평생 살 집을 짓고 싶은 거라면, 집값에
대한 생각은 일단 버리자. '출퇴근이 가능한 곳인가? 아이들이 통학하기 편한
곳인가? 최소한의 편의시설을 갖추고 있는가?' 등 살기에 좋은 곳인지만
생각하자. 이러한 조건에 부합하는 땅이라면 반드시 다른 사람도 그 땅을
좋아하게 될 것이다. 고속도로나 전철 등은 내가 원한다고 들어오는 것도 아니고
언제 가능할지도 알 수 없다. 그러므로 처음에 땅을 찾을 때는 나와 우리 가족의
생활방식과 잘 어울리는지만 생각하자.

보통 시골에 전원주택을 짓겠다는 생각을 할 때 가장 편한 방법은 민간회사가
분양하는 전원주택단지를 구매하는 것이다. 수도, 오수, 통신, 전기시설 등이
설치되어 있기 때문에 바로 집을 짓고 살 수 있다. 하지만 모든 시설을 갖추고
있는 만큼 가격이 비싸다. 해당 비용들에 대한 시행사와 시공사의 마진이 들어가
있기 때문이다. 여기서는 땅을 구입하여 집을 짓는 이야기가 주제인 만큼 직접
땅을 찾아 집을 짓거나 고칠 때 필요한 이야기를 하겠다.
우연히 혹은 땅을 알아볼 목적으로 이곳저곳을 돌아다니다 살고 싶은 좋은
동네를 발견했다면, 가까운 부동산을 찾아가 위치를 알려주고 집을 짓고 살고
싶은데 매물이 나온 땅이 있느냐고 묻는 것이 가장 첫걸음이다. 마음에 든다고
해서 무조건 살 수 있는 것이 아니기 때문이다. 그뿐인가. 앞에서 이야기했듯
시골의 땅은 대부분 임야이거나 밭이거나 논이다.
시골에 집을 바로 지을 수 있는 대지로 되어 있는 땅은 드물다. 만약 주변 환경이
좋은 곳에 위치한 밭이 생각보다 많이 싸게 나왔다면, 대지로 형질변경을 하는
데 비용이 많이 들 확률이 높다. 그러므로 땅을 사기 전에는 여러 가지 조사를
충분히 해보자.

여기에서는 실제 강원도 삼척에 땅을 구입하여 작은 주택과 카페를 리모델링한
사례를 예로 들어서 설명해보겠다. 주소는 '강원도 삼척시 근덕면 ○○리
○○○번지', 일단 현장답사를 해야 한다.

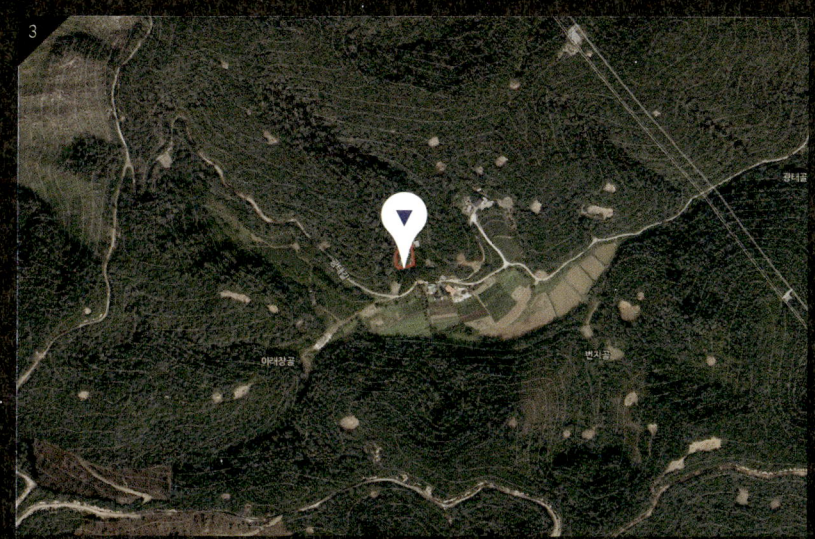

3 산 속 깊은 곳에 있는 부지이다.

세상이 좋아져서 주소만 입력하면 바로 확인할 수 있다. 아주 깊은 산속에 있는 땅이다. 지도만 봤을 때는 '이런 곳에 집을 지을 수 있을까' 하는 의문도 들겠지만 직접 가서 확인해보면 도심지에서 멀지 않고 전원을 즐기기에도 아주 제격인 장소일 수 있다.

주변에 집도 없고 현재 카페인 근린생활시설과 단독주택이 지어져 있다. 작은 카페를 운영하며 자연 가까운 곳에서 한적한 노후를 보내기에는 아주 좋은 장소이다. 지도 어플로 확인해보면 삼척시청과의 거리도 그리 멀지 않음을 확인할 수 있다.

4 진입로도 도로로 되어 있기 때문에
집을 짓는 데 문제가 없다.

국가에서 운영하는 사이트인 '온나라(www.onnara.go.kr)'는 스마트폰으로도 검색이 가능하다. 이곳에 순서대로 주소를 입력해보면 기본적인 사항들을 검색할 수 있다.

<사진7>처럼 순서대로 입력을 하면 땅과 관련된 정보가 뜬다. 땅은 대지로 되어 있고 크기는 612㎡(185평), 개인 소유의 땅이다. 주택공시가와 개별공시지가까지 전부 확인할 수 있다. 이 정도면 작은 집을 짓고 넓은 마당도 가꿀 수 있다. 부모님을 모시고 살기에도 좋다. 나중에 필지를 분할해서 팔 수도 있다. 다양한 선택이 가능한 땅이다. 공시지가도 마음에 든다. 논이나 밭의 경우, 공시지가를 기준으로 세금을 내기 때문에 매우 중요하다.

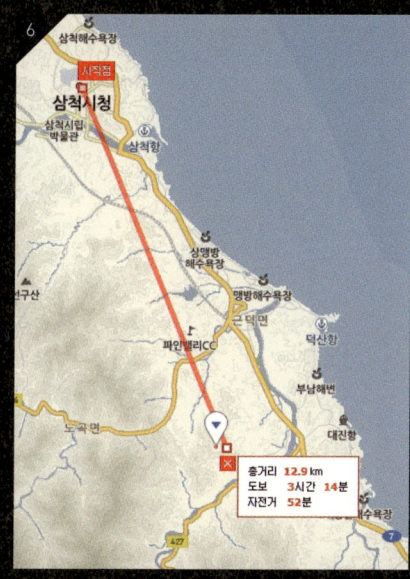

6 시청을 도심지라고 보았을 때 대략 10킬로미터 정도 떨어져 있다.

7 온나라 사이트에서 검색을 해보면 다양한 정보를 바로 얻을 수 있다.

이 땅은 그럽게도 계획관리 지역이다. 계획관리 지역인지 아닌지가 중요한 이유는 건폐율 때문이다. 땅의 바닥면적, 즉 1층을 기준으로 몇 평까지 집을 지을 수 있느냐가 법으로 정해져 있는데 건폐율이 그 기준이 된다. 계획관리 지역은 땅 면적의 40%까지 집을 지을 수 있다. 612㎡(185평)를 기준으로 보면 245㎡(74평)까지 집을 지을 수 있다. 4인 가족이 살 집으로 99㎡(30평) 정도 되는 크기의 집을 짓는다면, 두 채의 집을 지을 수 있다. 이 정도 크기면 집과 카페도 지을 수 있고, 게스트하우스도 가능하다. 일단 이 점은 합격이다.

그럼 이번에는 기존에 있는 건물을 살펴보자. 2006년에 완성된 건물이다. 일반목구조, 리모델링을 할 계획이라면 벽돌주택보다 일반목구조로 지은 집이 더 용이하다. 벽돌주택은 벽체 자체가 힘을 받는 내력벽 구조이다. 그래서 어느

한 벽도 함부로 철거를 할 수 없지만 목조주택은 기둥만 힘을 받을 수 있게 세워주기만 하면 개조가 쉬워진다. 이 점도 합격! 내가 살아가는 데 문제가 없다면 주인과 공시지가를 기준으로 잘 협의해서 구매하는 것이 좋다. 이제, 지적도를 한번 살펴보자.

주변이 산으로 둘러싸여 있고 311 대지가 도로에 접해 있어 집을 지을 수 있었다. 310-2번지도 도로에 접해 있다. 이 땅에도 집을 지을 수 있고 카페를 할 수도 있다. 기존에 지어진 집에 전기, 수도 등 모든 시설이 설치되어 있어 지금은 밭으로 되어 있는 이 땅에도 집을 지을 수 있는 것이다. 당연히 가격은 대지보다 저렴하다. 그렇다면 여기서 과감한 결정이 필요하다. 현재 부지 주변은 산으로 되어 있어서 개발은 영원히 힘들어 보인다. 이 상황에서 이 부지를 사들인다면 추후에 다른 작업을 할 수 있는 여지가 생긴다.

만약 310-2번지 땅주인이 자기 땅을 조금 할애해서 310-1번지까지 도로를 연결한다면 내 집 뒤로도 집을 지을 수 있다. 310 전도 <사진9>처럼 2필지에 311 대지면을 따라서 도로를 만든다면 집을 지을 수 있는 곳이 된다. 고민이 될 것이다. 그냥 대지 하나만 구매해서 욕심 내지 않고 살 것인가. 전부 구매할 것인가. 전원주택부지 사업을 할 것도 아니고 카페를 차릴 것도 아니라면 그냥 대지만 구매하면 된다.
그럼에도 불구하고 이런 이야기를 하는 이유는 시골의 경우 맹지가 될 확률이 있는 땅의 주인은 대지 주인과 같은 사람일 확률이 있기 때문이다. 그렇다면 땅주인은 대지뿐 아니라 연결되어 있는 다른 땅도 같이 팔려고 할 것이다. 집을 지을 수 있는 대지만 팔아버리면 나머지 땅은 맹지가 되어버리기 때문에 도로를 만들 수 있는 땅은 절대 안 팔거나 같이 팔려고 할 것이다. 그러므로 현재 깔린 도로가 어디까지 연결이 가능한지에 대해서도 지적도를 보면서 고민해야 한다.
실제 이 땅을 구입한 사람은 4필지를 전부 사버렸다. 대지를 제외한 밭으로 되어 있는 3필지는 아주 저렴한 금액으로 취득했다.

리모델링 가능한
집 찾기

+ 꼭 땅을 사야 하는가? 버려진 농가주택이 생각보다 많다
+ 마음에 드는 집 발견, 이것만은 확인하자
+ 집을 구했다면 수리 우선순위를 정해야 한다
+ 리모델링 & 집 짓기, 공간별 아이디어

집은 투자와 수익으로 접근하면 안 된다.
'행복과 삶'으로 접근해야 한다.

꼭 땅을 사야 하는가?
버려진 농가주택이 생각보다 많다

시골 할아버지 댁에 가면 주변 어르신들이 돌아가시고 난 뒤 그냥 비어 있는 집이 생각보다 많다. 살다가 돌아가시면 보통 자식들에게 상속되는데 대부분 자식들이 그곳에서 살기를 원하지 않고, 매매하기도 애매해서 그냥 방치되어 있는 집들이다. 만약 아이들이 맘껏 뛰놀 수 있는 공간과 추억을 선사하고 싶은 부모라면, 아이들이 어릴 때는 잠시 시골생활을 하다가 중학교나 고등학교에 들어갈 때쯤 다시 도시로 나와 살아야겠다는 계획을 갖고 있다면, 방치되어 있는 시골집을 찾아 수리해서 사는 것도 좋은 방법이 될 수 있다. 물론, 시골집 리모델링은 부모님이 사시던 집을 상속받아 그곳에서 노후를 보낼 계획을 갖고 있는 중장년층에게도 권할만하다.

건물주 입장에서도 비어 있는 집을 고쳐서 누군가가 들어와서 살겠다고 하면, 나중에 살던 사람들이 나갔을 때 사람이 살기에 좋게 집을 수리해놨기 때문에 매매할 때도 유리하다. 집주인 입장에서도 거절할 까닭이 없다. 이런 경우 굳이 시골집을 구매할 필요도 없다. 아이들이 중학교에 들어갈 시점까지, 임대계약을 맺어서 집만 수리한 뒤 살아도 된다. 물론 비용이 들겠지만 도시에 살면서 들어가는 사교육비와 도시에 살면서 으레 습관처럼 하게 되는 외식비, 교통비 등의 비용을 생각한다면

크게 손해라는 생각이 안 들 것이다. 다시 한 번 강조하지만 집은 투자와
수익으로 접근하면 안 된다. '행복과 삶'으로 접근해야 한다.

아래는 집을 찾을 때 도움이 되는 사이트들이다. 물론 내가 발품을 팔아야
가장 정확한 정보를 얻을 수 있다. 기본적인 정보를 얻은 뒤 직접 찾아
나서는 것이 제일 중요하다. 빈집 매물에 대한 정보는 물론 가격까지
공개하기 때문에 원하는 가격대의 매물을 한눈에 확인하기 좋다. 귀농에
대한 교육도 해주고 지방마다 어떤 혜택을 주는지도 확인할 수 있다. 지방
담당관 연락처도 있으니 자세한 내용은 직접 문의해보면 된다. 요즘은
각 지방마다 도시에서 유입되는 인구를 환영하기 때문에 궁금한 정보를
문의하면 친절하게 잘 도와준다.

[TIP] 시골집 정보를 알 수 있는 곳

온비드 http://www.onbid.co.kr/	나라에서 운영하는 사이트이다. 주거용 건물로 검색을 해보면 경매로 나온 물건들을 찾아볼 수 있다.
농어촌 빈집 주인 찾기 http://www.cohousing.or.kr/	시골 빈집에 대한 다양한 자료를 찾아볼 수 있다.
귀농귀촌 종합센터 http://www.returnfarm.com/	정부에서 운영하는 귀농귀촌 종합센터 사이트이다.

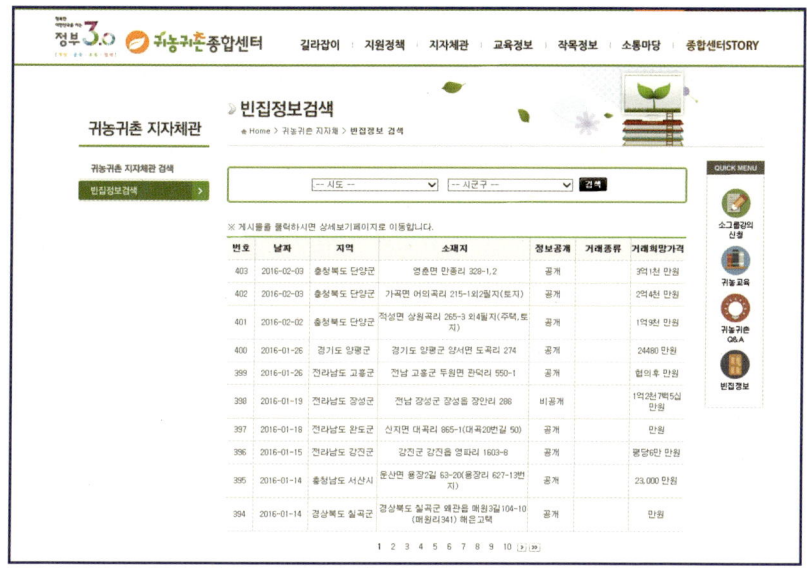

빈집 관련 사이트에 접속하면 빈집에 대한 정보가
가격까지 상세하게 나와 있다.

집을 찾았다면 정부에서 운영하는 '민원24(www.minwon.go.kr)'에서 건축물대장과 토지대장을 발급받아서 확인해보자. 대출이 얼마나 있는지, 땅의 면적은 정확하게 어떻게 되는지, 신고된 건축물의 면적은 어떻게 되는지 등 다양한 정보를 얻을 수 있다. 이외에도 '시골집'으로 검색해보면 카페나 블로그를 운영하면서 정보를 알려주는 곳이 많다. 처음에는 온라인에서 정보를 얻어서 탐방을 시작하고 그 다음에는 눈여겨둔 동네의 부동산을 찾아가 정보를 얻으면 좋다. 지역에서 부동산 중개를 오래하신 분일수록 실제 거래가 가능한 매물을 많이 가지고 있고, 염두에 두고 있는 땅에 대한 정보도 많이 갖고 있을 확률이 높다.

마음에 드는 집 발견,
이것만은 확인하자

발품을 팔면서 돌아다니다가 좋은 집을 발견했다면 이젠 사전조사를 해야 한다. 리모델링을 계획하고 있다면, 벽돌로 지어 튼튼한 집이 좋을까? 아니면 옛날 한옥처럼 나무로 지은 집이 좋을까? 필자는 나무로 지은 집을 추천한다. 벽돌로 지은 집은 일단 리모델링 시 구조변경이 어렵다. 벽돌주택은 벽돌이 지붕을 받치고 있기 때문에 벽돌을 허물면 지붕이 무너질 수도 있다. 방을 넓힌다든지 화장실을 만들 때 벽체를 철거하면 집 자체가 무너질 수도 있기 때문에 전문가에게 구조적인 검토를 받은 뒤 공사를 해야 한다. 벽돌주택의 최고 단점은 단열이다. 시골집은 특히나 단열이 좋아야 하는데 옛날에는 그냥 벽돌과 벽돌 사이에 단열재를 꺼넣는 식의 날림공사라 단열재가 없다고 봐도 과언이 아닐 정도이다. 그러므로 수리를 생각한다면 목조주택이 좋고, 그냥 도배와 장판만 갈아서 사용할 생각이라면 벽돌주택이 편할 수도 있다.

간단하게 말하자면, 인테리어만 새롭게 한다면 벽돌주택이든 목조주택이든 큰 문제는 없다. 하지만 리모델링을 한다면 목조주택이 좋다. 외부는 거의 단열재를 붙인 뒤 미장하고 스터코나 드라이비트로 마감해주는 것이 가격대비 단열성능이 좋다.

외부에 스티로폼 단열재를 시공한 사진.

스티로폼 단열재를 시공하고 그 위에
바르는 마감재를 시공한 사진.

내부 단열재 시공은 아주 중요하다. 만약 석고보드 작업이 되어 있다면 퍼티 작업(페인트를 칠하기 전에 퍼티제를 발라서 미세한 틈을 막아 페인트를 바를 때 좀 더 매끄러운 마감이 되도록 하는 것) 후에 바로 페인트를 칠할 수 있다. 퍼티 작업을 해야 마감이 깔끔하다.

그런데 내부는 조금 자세하게 살펴봐야 한다. 내부 마감형태에 따라서 마감방법이 달라지기 때문이다. 제일 수리하기 편리한 수성페인트를 바르기 위해서는 석고보드 작업이 되어 있거나 벽체 미장이 되어 있어야 한다. 미장이 되어 있다면 외부단열이 부족할 시에 결로현상이 발생한다. 그래서 여유가 된다면 내부단열재를 한번 시공해주고 석고보드를 시공한 이후에 페인트를 칠해주는 것이 좋다.

내부 마감이 어떻게 되어 있느냐에 따라서 공사비를 절감할 수 있다. 땅을 싸게 사고 집을 싸게 사도 수리비가 많이 나온다면 의미가 없다.

꼭 점검해야 할 또 한 가지는 바로 보일러다. 보일러가 어떻게 설치되어 있는지 살펴보자. 옛날 집은 TV 프로그램 <삼시세끼>에 나오는 집처럼 아궁이에 불을 때서 난방을 하는 방식이었다. "요즘에 그런 집이 어디 있어?" 하고 의아해하겠지만 생각보다 그런 집이 상당히 많다. 그러므로 보일러 설치가 되어 있는지 확인하고 난방 배관이 어디까지 시공되어 있는지 확인해보는 것이 좋다. 만약 보일러가 설치되어 있지 않다면 난방에 상당한 애로사항이 생긴다.

벽난로와 아궁이에 불을 때며 며칠을 보낼 수는 있겠지만 매일 같은 생활이 반복된다면 도시생활에 익숙한 사람에게는 결코 쉬운 일이 아니다. 혹시나 '한번 해볼까?' 하는 생각조차 하지 말자. 분명, 힘들다. 시골생활의 낭만과는 거리가 멀다. 무엇보다 시골살이는 낭만이 아니라 생활이라는 걸 잊지 말자. 이런 경우에는 전기판넬을 깔든지 아니면 난방배관을 깔아야 한다. 다행히 요즘에는 건식난방배관이 나오기 때문에 힘든 몰탈 작업을 하지 않아도 된다.

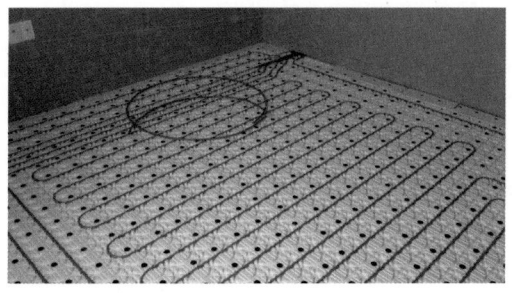

건식배관으로 공사를 하기도 한다.

또한 전기를 사용해서 난방을 보조하면 좋다. 요즘 많이 사용하는 것이 태양광이다. 태양광 설치에는 대략 500만 원 정도의 설치비가 들어가는데 온풍기 등 난방에 도움이 되는 기기를 태양광으로 생산한 전기로 사용한다면 에너지를 절감할 수 있다. 태양광을 효율적으로 설치하려면 지붕이 남향을 향하고 있어야 한다. 리모델링을 할 집이 남향을 바라보고 있다면 더할 나위 없이 좋다. 만약 집이 남향이 아니라면, 남쪽을 향하도록 지붕에 기둥을 세워서 설치해야 한다.

한 달 전기료가 10만 원이 넘는다면
태양광을 설치하는 게 좋다.

또 한 가지, 살아가는 데 있어서 제일 중요한 것 중 하나가 바로 물이다. 상수도가 연결되어 있는 집이라면 고민할 필요도 없지만 상수도가 들어와 있는 지역은 별로 없다. 거의 지하수이다. 만약 이 지하수를 나 혼자 쓴다면 상관없지만 몇 가구가 공동으로 사용하는 지하수라면 상황이 조금 복잡해진다. 이때 가장 중요한 건 지하수가 어느 땅에서 나오고 있느냐이다. 남의 땅에 있는 지하수를 동의를 얻어서 사용하고 있다면 나중에 문제가 될 수 있다. 그러므로 사용해야 할 지하수가 내 땅에서 나오고 있는지도 확인해야 한다. 물론 지하수가 서류상으로도 완벽한, 공동지하수라면 상관없다. 그래도 그곳에서 오래 살 계획이라면 만약의 경우에 대비하여 확인해두는 것이 좋다. 동네 사람들한테 물이 잘 나오는지도 확인해보고 직접 물을 틀어서 수압도 확인해보자.

[TIP] 돈 아끼는 집 고르기 핵심 포인트

1. 구조가 목구조이거나 콘크리트 주택일 것.
2. 내부에 석고보드 작업, 또는 미장 작업이 되어 있을 것.
3. 난방배관이 설치되어 있을 것.
4. 지붕이 남향을 향하고 있을 것.
5. 상수도가 연결되어 있거나 개인지하수가 연결되어 있을 것.

집을 구했다면
수리 우선순위를 정해야 한다

집을 구했다면 수리 우선순위를 정해야 한다. 대부분 예산은 한정적이다.
한정적인 예산으로 평소 생각했던 그림처럼 예쁜 집을 지을 수 있으면
좋겠지만 현실은 그렇지 않다. 필자가 상담을 할 때 자주 하는 말이
"설계를 할 때는 꿈을 꾸지만 견적이 나갈 때는 현실이 된다"이다.
먼저 예산을 정해야 한다. 무리가 가지 않는 한도를 정하고 집 근처 은행을
찾아가 대출 한도도 확인한 후에 내가 투입할 수 있는 예산을 정한다.
이 예산 안에서 우선순위를 정해서 진행한다. 나무를 심고 잔디를 깔아
마당을 꾸미는 일은 살면서도 할 수 있다. 집을 수리하거나 지은 뒤에
아이들과 함께 잔디를 심고, 아이들의 이름을 붙인 나무를 심는 일 등은
모두 잊지 못할 추억이 될 것이다. 그러니 나중에 할 수 있는 일은 미루고
가장 중요한 것부터 손을 대야 한다.

누구나 집을 짓는다면, 혹은 수리한다면 누가 봐도 예쁜 집을 갖고 싶을
터. 하지만 예쁜 집을 가지려면 많은 돈이 필요하다. 선택과 집중을 해야
하는데 남들에게 보이기 위해 외관에만 집중하기보다는 집의 기능에 더
투자해야 오래 살 수 있는 집을 가질 수 있다. 일단 살아가는 데 필요한
물과 난방이 최우선이다. 상수도가 들어온다면야 고민할 필요가 없지만
지하수를 사용해야 한다면, 앞에서 말했듯 기존에 사용하던 지하수가 우리

집에 있는 것인지 남의 집에 있는 것인지 확인해야 한다. 남의 집에 있다면 사용동의를 얻거나 내 땅에 파야 한다. 그래야 걱정 없이 물을 쓸 수 있다.

시골집의 전기선은 대부분 낡은 전기선일 확률이 높다. 전기선은 전부 교체해주는 것이 좋다. 가전제품을 많이 쓰지 않던 시절에 쓰던 전선은 지금 사용하는 고용량의 전자제품을 감당하지 못한다. 옛날에는 두꺼비집이라고 해서 퓨즈를 갈던 시절도 있었는데, 지금은 대부분 차단기를 사용한다. 이때 차단기의 용량도 높여줘야 한다.
옛날 지붕이 그대로 있다면 지붕을 교체해주는 것이 좋다. 요즘은 정부에서 지원도 해주므로 먼저 가까운 관공서를 찾아가서 지원 사업에 대해 문의해보자. 살면서 물이 새는 것만큼 큰 스트레스가 없다. 누수가 의심된다면 지붕은 전체 교체해주자.

전기 공사가 난해할 것으로 판단되면 노출로 작업해도 된다. 노출배선은 전문가가 직접 하는 것이 좋다.

양철지붕은 군청에서 지원을 받아서 시공할 수도 있다.

시골집 리모델링에서 가장 많이 손을 봐야 하는 공간이 바로 화장실과 부엌이다. 옛날에 지은 집이라면 화장실이 밖에 있고 부엌은 아궁이인 곳이 아직도 많다. 시골에 살면서 조금 불편한 것은 감수하고 산다고 해도 볼일을 볼 때마다, 밥을 짓거나 간식거리를 찾아 먹을 때마다 신발을 신고 밖으로 나가야 하는 불편은 감수하기 힘들다. 시골집의 경우 부엌과 거실로 사용하는 방이 쪽문으로 이어져 있는 경우가 많다. 이 부분을 개조해서 바로 이어지는 입식부엌을 만들고 화장실은 집 안으로 들이자.

구입한 집의 바닥 난방이 아궁이를 때서 바닥을 데우는 방식이라면 이 또한 보일러 공사를 해야 한다. 바닥에 난방배관을 깔고 보일러를 설치해서 난방이 가능하도록 수리하면 좋다. 기본적인 생활이 되어야 나머지 생활도 가능하다. 집 안에 벽난로 또는 주물난로를 설치하고 겨울을 겨우겨우 보낼 수는 있겠지만 온종일 바닥 따뜻한 집에서 살던 사람이 갑자기 난로에만 의지해 겨울을 나기는 쉽지 않다. 난로를 계속 관리하기도 어렵다.

[TIP] 집 수리 시 꼭 해야 할 것

1. 지하수든, 상수도든 겨울철에도 얼지 않고 언제든 사용할 수 있도록 수리하자.
2. 전기선은 무조건 전체 교체하자. 일부 노출을 해도 상관없다.
3. 누수의 흔적이 있거나 마감재가 오래되었다면 지붕마감재를 교체하자.
4. 화장실과 부엌은 집 안으로 옮기자.
5. 도시처럼 바닥 난방을 하자. 외국처럼 벽난로와 온풍기로 살아가기에는 시골의 겨울은 매우 춥다.

1 보통 신발장을 현관문 앞에 설치하는데, 사진처럼 창고 식으로 만들면 신발장은 물론 유모차, 아이들 자전거 등 다양한 물건을 수납할 수 있는 현관 수납창고가 된다.

2 거실에 큰 등을 하나 설치하기보다, 층고를 높여서 벽등을 설치하면 추후 관리도 편하고 밝은 실내를 만들 수 있다.

3 서재와 거실을 하나의 공간에 두면 아이들의 놀이터도 되고 책을 편하게 읽어보는 공간으로 만들 수 있다.

4 거실 한편에 선반을 만들어놓으면 책상도 되고 장식선반이 되기도 한다.

5 거실에서 외부 데크로 연결되는 곳에 폴딩도어를 설치하면 집이 더 넓어 보여 개방감을 준다.

6 계단실을 따로 두지 않고 오픈 계단을 만들면 거실이 넓어 보이는 것은 물론 계단 밑 여유 공간을 작은 서재로 활용하거나 반려동물을 위한 공간으로 꾸밀 수 있다.

7 거실이 높다고 많이 춥거나 덥지는 않다. 천장 높이보다 중요한 건 바로 단열공사를 어떻게 했느냐이다. 공기의 흐름을 위해서 실링펜을 설치해주면 좋다.

8 최상층 공간은 지붕 모양대로 마감하면 층고가 높아져서 더 넓은 느낌을 주고 천창은 항상 밝은 거실을 만들어준다.

9 현관 출입구에 창문을 만들고 작은 의자를 두면 현관이 밝아지고 어르신들이 신발을 신을 때도 도움이 된다.

10 계단실 밑 공간을 활용해 작은 서재를 두었다.

11 테이블의 위치에 따라서 공간배치도 달라지고 인테리어 효과도 얻을 수 있다.

2 방, 드레스룸

요즘은 방을 잠자는 공간 정도로 활용한다. 자연스럽게 방은 최소화하되 효율적으로 설계하고 거실과 같은 공용공간을 더 넓게 하는 경향이 늘고 있다. 방은 순수하게 침실이자 사적인 공간으로 설계하는 것이 좋다.

1 요즘에는 부부 간에 침대를 따로 쓰는 경우가 굉장히 많아졌다. 처음부터 싱글침대 2개를 둘 수 있도록 배치하거나 설계하면 효율적으로 사용할 수 있다.

2 방에 실분리 개념으로 칸막이를 두면 뒷부분은 작은 서재로 활용할 수도 있다.

4 아이방에 로프트 공간을 두면 침실이나 놀이방으로 사용할 수 있다.

5 아이방이 조금 작아지더라도 재미있는 공간을 하나 만들어주면 어떨까. 창가에 앉아서 책을 읽는 것은 누구나 한번쯤 가졌음직한 로망이다.

6 2층에 방을 배치하면 층고를 높게 하는 것도 아이디어. 방 천장이 높으면 시원해 보일 뿐 아니라 아이들의 창의력에도 도움이 된다고 한다.

7 붙박이장 가운데에 창호를 설치해서 윈도 시트를 만들 수도 있다.

8 드레스룸이 꼭 클 필요는 없다. 좁은 공간에도 오픈 행거를 설치하면 사각형의 넓은 드레스룸보다 더 많은 수납이 가능하다.

9 드레스룸을 따로 만들지 않고 방의 일부분을 막아서 개방된 드레스룸을 둘 수도 있다.

3 다락

필자는 다락이 주택에서 꼭 필요한 공간이라고 생각한다. 대개 '내가 다락을 사용할까? 아이들이 다 자랐는데 쓸모가 있을까? 공사비가 증가하는데 필요 없는 공간이지 않을까?' 하고 생각하기 쉬운데 다락은 생각보다 쓸모가 많다. 아이들, 손자손녀가 놀기에도 좋을 뿐 아니라, 낮은 층고가 주는 안락함 때문에 어른들이 무언가 집중해서 일을 할 때도 매우 유용하다. 그뿐인가. 손님들이 놀러 왔을 때는 게스트룸으로도 활용할 수 있다. 계절용품 등 잘 안 쓰는 물건을 보관하는 아파트의 베란다 같은 역할도 한다. 공사비는 평당 공사비의 절반 정도가 들어가는데, 대부분 짓고 나면 잘 만들었다고 생각하는 공간 중 하나이다.

1

1 로프트 같은 공간에는 이동식 사다리로 계획을 잡으면 공간 활용이 좋다.
2 다락으로 올라가는 계단은 다양한 공간 활용이 가능하다.
3 낮은 책상을 만들어놓으면 서재로도 활용이 가능하다.
4 다락의 천창은 환기창이기도 하므로 꼭 설치하는 것이 좋다.
5 이렇게 낮고 작게 나오는 공간은 창고로 활용하면 된다. 비싼 마감재를 쓸 필요도 없다. 그냥 장판을 깔아도 충분하다.
6 지붕 모양대로 공간이 나오므로 양쪽 낮은 곳을 책장으로 활용하면 좋다.
7 경사형 지붕에서는 한쪽이 높기 때문에 활용도가 더 좋다.
8 다락을 나무로 마감하면 천장이 낮고 좁기 때문에 나무향이 가득한 공간으로 만들 수 있다.

리모델링 & 집 짓기,
공간별 아이디어

3 다락

4 주방

주방은 주로 엄마가 일하는 공간 정도로 인식되었다. 하지만 이제는 설계를 하면서 제일 중요하게 여기는 공간이 되었다. 집의 살림을 두루 챙기는 엄마의 동선이 중요하기도 하고, 비단 엄마만이 아니라 가족 모두가 요리에 참여하고 또 모여서 소통하는 공간이 주방이 되었기 때문이다. 요즘은 주방의 면적도 갈수록 커지고 거실과 연결되는 넓은 공간으로 설계하는 경우가 많다.

4
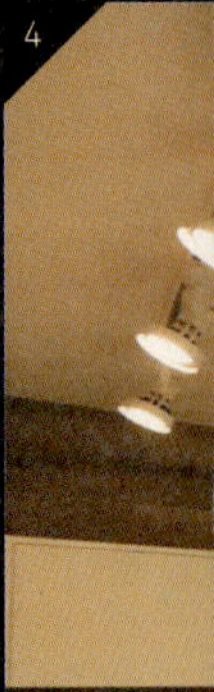

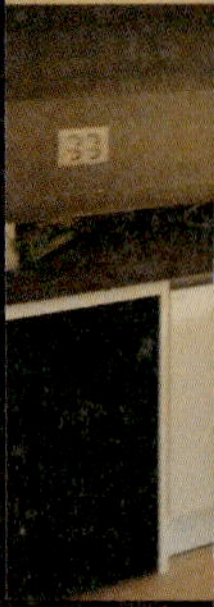

1
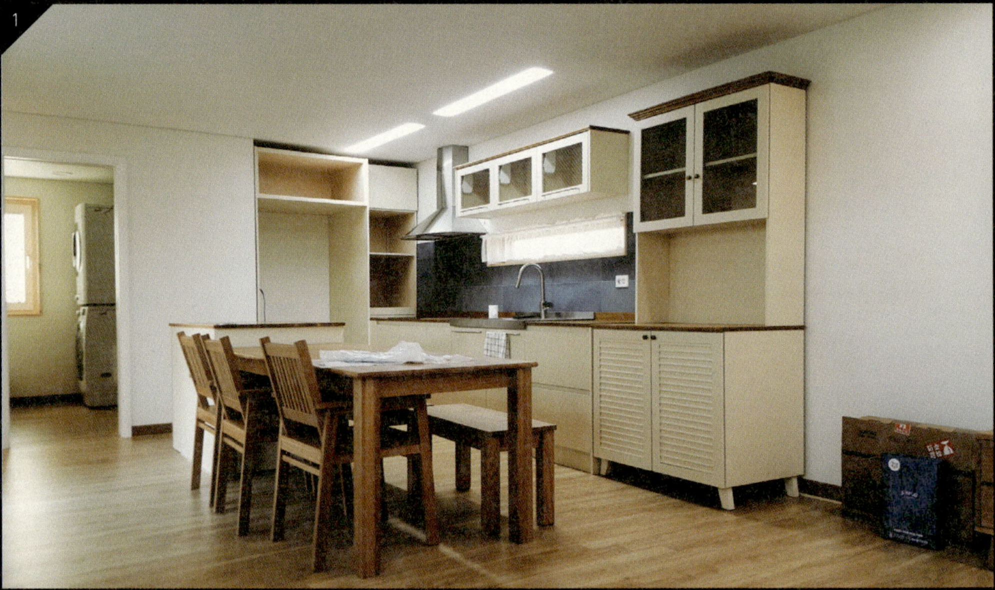

6

2

3

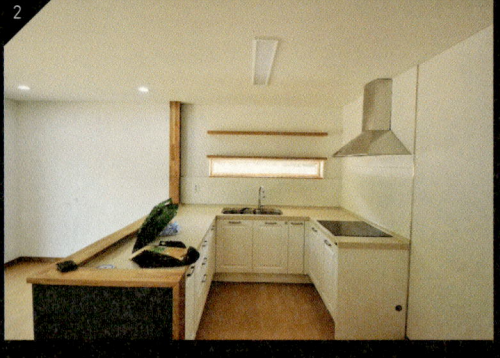

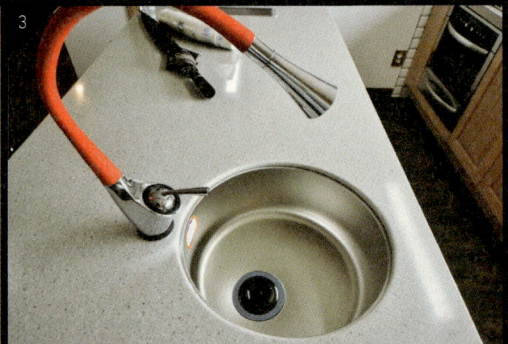

1. 예전에는 상부장을 가득 채워 수납에 중점을 두는 경우가 많았지만, 점점 주방 윗부분에 여유 공간을 두는 인테리어로 추세가 바뀌고 있다.

2. 주방에 창을 설치하고 간단한 선반 하나만 두어 심플하게 디자인하기도 한다.

3. 식탁에 작은 개수대를 설치하면 간단하게 과일이나 채소를 씻거나 작은 냄비를 설거지하는 공간으로 활용할 수 있다.

4. 주방과 거실의 개념이 따로 없는 구조. 넓고 긴 주방가구와 긴 식탁 자체가 주방이자 거실이 된다.

5. 가장 효율적인 ㄱ자 주방, 코너에 개수대를 설치해서 작업 공간을 늘렸다.

6. 의자보다 좌식을 좋아하는 어르신들을 위해서 병행 가능한 식탁을 만들었다.

방을 조금 줄이더라도 주방과 식탁에 많은 공간을 할애하는 사람이 많다. 식사 시간이 중요해지는 만큼 따로 넓은 식탁을 설치하기도 한다.

주방에서 가장 인테리어 효과가 큰 식탁 등, 식탁 등에 따라 집 분위기가 달라진다.

5 다용도실

다용도실은 중요하지 않게 생각하는 사람이 많았다. 하지만 라이프스타일이 바뀌면서 다용도실을 만들어서 잘 안 쓰는 그릇도 보관하고 세탁실을 만들기도 하고 팬트리룸이라 해서 마트에서 사 온 물건들을 보관하기도 한다. 특히 외곽에 살게 되면 마트에 수시로 갈 수 없기 때문에 식료품을 보관하는 장소가 필요하다. 시골에서 주택을 마련해 살게 될 경우에는 꼭 필요한 공간이다.

1 계단실 밑 공간을 활용하면 창고로 활용하거나 작은 서재로 쓸 수 있다.

2 단독주택은 베란다가 없기 때문에 세탁실과 보일러실을 겸하기도 한다.

3, 4 자투리 공간에 간단하게 선반만 설치하면 팬트리룸이 된다. 한쪽 벽에 선반만 설치해도 많은 물건을 보관할 수 있다.

5 선반을 두어 세탁실과 건조실 그리고 창고를 겸한 공간으로 만들었다.

6 2층에 세탁실을 작게라도 만들어놓으면 동선을 최소화할 수 있다.

7 다용도실에 작은 개수대를 두면 냄새나는 음식을 조리할 때나 손빨래를 할 때 활용할 수 있다.

6 욕실

단독주택에서 욕실은 아파트와 다른 시공이 가능하다. 분리할 수도 있고 파우더룸과 세면대를 연결할 수도 있다. 욕실은 삶의 방식을 고려하여 설계하자. 예를 들어 맞벌이 부부와 중학교나 고등학교에 다니는 자녀가 있다면 아침에는 화장실 쟁탈전이 일어나기 마련. 세면대와 변기, 샤워기 부분을 전부 분리하면 아침에 좀 더 효율적으로 움직일 수 있다. 박스 형태에 모든 것이 들어가 있는 화장실보다는 분리형 화장실이 비용도 절감할 수 있다.

1 욕조 외부에 샤워수전이 하나 더 있으면 여러모로 활용도가 높다. 맞벌이 부부라면 세면대를 두 개 설치하는 것도 방법.

2 공간이 좁다면 세면대와 샤워기를 동시에 설치하는 건 어떨까. 좁은 공간에도 샤워세면대 설치가 가능하다.

3 세면대가 분리되어 있으면 간단하게 손을 씻으려고 굳이 욕실 안으로 들어갈 필요가 없다.

4 청소가 걱정이라면, 샤워실은 칸막이로 분리하는 것이 좋다.

5, 6 1층에 방이 없는 구조라면 1층에 욕실을 크게 만들 필요가 없다. 간단하게 변기와 세면대만 설치해서 손님용으로 사용하는 게 좋다.

7 현관 근처에 디자인이 예쁜 세면대를 두면 인테리어 효과도 발휘한다.

8 욕실에 적외선 열등을 설치해서 난방을 보조하면 좋다.

9 욕실에 누가 있는지 확인하기 위해 문에 구멍을 내는 경우도 있는데 사진처럼 유리블록을 사용하면 인테리어 효과까지 볼 수 있다.

7 테라스

단독주택이라 할지라도 마당 주위로 사람들의 이동이 많다면 개인적인 공간으로 활용하기는 힘들다. 이 때문에 테라스를 만들 때는 주위 시선을 의식하지 않을 수 있는 나만의 외부공간에 대해 많이 생각한다. 테라스는 어설프게 작게 만들면 담배를 피울 때만 이용할 뿐, 차를 마시면서 사색하거나 휴식을 취할 때는 잘 사용하지 않게 된다. 만약 만들 거라면 크게 만들어서 활용도를 높이는 게 좋다.

1 2층을 돌출시켜서 대형 테라스를 만들었더니 마당에 준하는 면적이 나왔다.

2 테라스에 외부 싱크대를 만들어놓으면 고기불판을 닦거나 채소를 씻을 때 유용하다.

3 옥상의 다락방과 연결되는 테라스는 휴식 공간이자 빨래 건조 공간, 때론 창고로도 활용할 수 있다. 주택이 밀집되어 있는 곳에서는 주위 시선이 차단된 나만의 공중정원이 된다.

4 1층이 크고 2층이 작은 경우가 많기 때문에 테라스를 두면 지붕이 덮인 자연스러운 공간을 만들 수 있다. 나무로 마감하면 한결 따뜻한 공간이 된다.

5 옥상을 만들 수 있는 지역이라면 옥상을 활용해보자. 지붕재를 하지 않아도 되기 때문에 비용 면에서도 유리하다.

Part 02

집 짓기
전에 꼭
알아야
할 것들

집 짓기 전에 꼭 알아야 할 것들

믿을만한 업체 선정부터 비용 절감하는 설계의 핵심까지

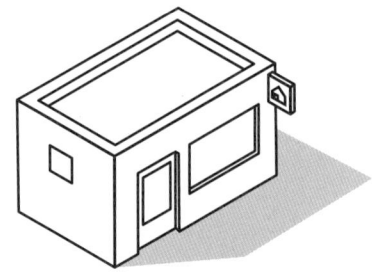

+ 믿을만한 설계사와 시공사 선정하기
+ 비용을 절감하는 설계 디테일
+ 따뜻한 집 만들기
+ 시골에서 도시가스를 기대하기는 어렵다
+ 단독주택의 가장 큰 골칫거리, 누수 막는 포인트
+ 자식에게 물려주고 싶은 집, 어떻게 관리해야 할까?

회사를 선정할 때는 내가 공부한 지식과 내 집을 지어줄 회사의 지식이 조화를 이루어서 얼마나 좋은 효과를 발휘할 수 있을지 체크해야 한다.

믿을만한
설계사와 시공사 선정하기

대부분의 사람들이 집을 짓기 전에 공부를 많이 하게 된다. 인터넷에서 검색만 하면 자료가 넘쳐나는 시대이기 때문에 아무리 문외한이라 해도 공부를 하겠다고 마음먹으면 제법 많은 정보를 얻을 수 있다. 하지만 집을 딱 한 번 지어본 건축주가 올리는 글을 맹신할 수도 없고 주택회사의 영업사원들이 하는 말 또한 믿을 수 없는 것이 현실이다. 요즘에는 건축을 잘 모르는 젊은 사람들이 주택영업을 많이 하는데, 한 고객의 이야기에 의하면 그들의 이야기를 한 시간 정도 듣다 보면 나도 모르게 카드단말기에 카드를 긁고 있을 거라고 한다.

공부는 필요하지만 공부를 하면 할수록 머릿속이 복잡해지고, 어떤 걸 선택해야 할지 점점 미로 속에 빠지게 되는 것이 집 짓기 공부이다. 아무리 공부를 많이 한다고 해도 주택을 100여 채 이상 지어본 전문가의 지식과 노하우를 이길 수는 없다. 그래서 집 짓기를 고민할 때 가장 좋은 방법은 믿을 수 있는 전문가와 함께 공부하면서 집을 하나씩 지어나가는 것이다.

어쩌면 집 짓기에서 가장 중요한 공부는 자재와 시공방법보다 나와 잘 맞는 좋은 회사를 찾기 위한 노력일지도 모른다. 회사를 선정할 때는 내가 공부한 지식과 내 집을 지어줄 회사의 지식이 조화를 이루어서 얼마나 좋은 효과를 발휘할 수 있을지 체크해야 한다. 건축주는 우리 가족의 평소 생활방식을 고려했을 때 어떤 공간을 어떻게 구현하는 게 좋을지 생각해두어야 한다. 내외장재의 마감재는 어차피 내 예산에 따라서 조정될 수밖에 없다. 하지만 공간은 내 맘대로 할 수 있으니 공간에 더 집중해서 진행하는 것이 좋다.

주택을 전문으로 하는 회사들은 설계와 시공을 함께하는 경우가 많다. 주택 특성상 다른 건축물과 달리 좀 더 깊은 소통을 요구하기 때문이다. 단독주택에 살아보지 않고 관심도 없는 건축가가 주택을 설계한다면 과연 주택의 특성을 살리는 설계를 할 수 있을까? 아파트 평면이 기준이 되는 설계가 될 확률이 높고 단열이나 기능보다는 외관 디자인에 치중하는 설계가 나오기도 한다. 그래서 설계와 시공을 분리하고 싶을 때는 단독주택을 전문으로 설계하고 실적이 많은 전문가에게 설계를 의뢰하는 것이 좋다.

설계비는 보통 감리비를 포함하여 1~2천만 원에 형성되는 경우가 많고, 유명한 전문가의 경우 최대 5천만 원까지 요구하기도 한다. 가격의 차이가 크기 때문에 다양한 사람들을 만나보고 선택하자. 요즘은 주택을 전문으로 하는 건축가를 어렵지 않게 찾을 수 있다. 시대의 흐름이 바뀌고 있다고 볼 수 있다. 물론 큰 건물, 높은 건물이 수익은 더 높지만 주택을 설계하는 것도 건축가의 커리어를 쌓는 데 도움이 되고 주택 수요가 늘고 있어서 주택을 전문으로 설계하는 건축가를 어렵지 않게 찾을 수 있다.

또는 전원주택 잡지를 보면 설계 사례들이 나오는데 이때 설계사무실 이름도 같이 나온다. 맘에 드는 집을 찾아 연락해보는 것도 좋은 방법이다.

설계와 시공을 함께했을 때의 장단점

대부분의 주택 전문회사들은 설계와 시공을 함께한다. 가장 큰 장점은 예산에 맞춘 설계를 할 수 있다는 것이다. 시공을 감안한 설계가 진행되기 때문에 고객 예산에 맞춘 설계가 진행된다. 또한 시공에 대해 잘 알고 있어서 설계를 할 때부터 시공자재나 시공방법 등 모든 사항을 같이 의논하면서 진행할 수 있다. 설계부터 시공까지 일괄로 진행되므로 바쁜 건축주라면 같이 계약하는 것이 편하다. 설계사무실과 시공사를 따로 찾아 직접 이것저것 접수하러 다니기가 결코 쉬운 일이 아니기 때문이다. 설계와 시공을 함께할 경우, 대부분의 일들을 일괄로 처리할 수 있어서 좋다.

장점이 많은 만큼 단점도 있다. 가장 큰 단점은 설계를 진행하면서 일이 원만하지 않았거나 신뢰가 무너졌더라도, 시공까지 함께해야 한다는 점이다. 원하는 설계가 나오지 않을 수도 있다. 물론 개개인의 능력의 차이도 있지만 설계와 시공을 같이 하는 경우, 시공에 중점을 둔 설계를 하는 경우가 많기 때문에 예술적인 설계를 기대하기 힘든 면도 있다. 깔끔한 주택을 원한다면 상관없지만 남다른 작품을 원한다면 주택전문 설계사무소에서 설계를 하고 따로 시공사를 찾는 것이 좋다. 설계와 시공을 함께하는 회사라 할지라도 설계계약금만 주고 시공계약금은 나중에 견적을 받은 뒤 최종 금액이 확정되고 공사 방향이 정해지고 나서 지불하는 게 효과적이다.

설계와 시공을 분리했을 때의 장단점

설계를 따로 진행하면 내가 원하는 설계가 나올 때까지 계속 설계를 진행할 수 있다. 확정된 설계도면을 가지고 여러 업체에 견적을 의뢰해서 합리적인 견적을 제출한 업체를 선정할 수 있다는 장점도 있다. 설계사무실에서 소개해주는 회사뿐 아니라 다른 회사에서도 견적을 받아볼 수 있기 때문에 우리 집을 잘 지어줄 수 있는 회사를 찾기만 하면 된다.

단점은 예산을 감안하지 않은 설계가 나올 수 있다는 것이다. 설계사무소 입장에서는 금액도 중요하지만 고객이 맘에 드는 설계를 하는 것이 중요하다. 그래서 돈이 많이 드는 디자인이나 고급스러운 자재를 사용한 설계를 하게 된다. 설계가 이렇게 완성되어버리면 아무리 여기저기 견적을 받아본들 기준금액이 높기 때문에 내가 원하는 견적을 받아볼 수가 없다. 그래서 대출을 더 받아야 하거나 설계를 다시 진행해야 하는 일이 비일비재하다. 이러한 시행착오를 겪지 않으려면 설계를 하는 과정에서 예산에 대한 조율을 반드시 해줘야 한다.

안타깝게도 요즘은 설계사무실에도 직영처럼 시공을 해주는 회사가 파트너로 가는 경우가 대부분이기 때문에 시공과 설계를 분리함으로써 갖는 장점을 기대하기가 점점 힘들어지고 있다. 뿐만 아니라 건축주가 설계사와 시공사의 관계를 조율하는 역할도 해야 한다.

설계계약과 시공계약은 별도로 하자

설계계약과 공사계약은 별도로 진행하는 것이 좋다. 설계가 나오지도 않은 상황에서는 공사금액을 가늠할 수 없기 때문이다. 대충 평당 계약을 한 뒤에 설계를 확정했는데 이런저런 이유로 추가 금액이 붙으면 기존 계약과는 다른 상황에 당황하게 되고, 건축주와 시공사 간에 갈등이 생길 확률도 높다. 그러므로 설계계약을 한 뒤 설계를 진행하면서 내가 생각하는 예산에 맞는 최선의 선택을 하는 게 가장 효율적이다. 설계 후 인허가까지 끝나면 그때 나온 도면을 가지고 견적을 내보면서 예산에 맞는 견적이 나오도록 수정을 계속해야 한다. 예산에 맞는 견적이 나오면 그때 공사계약을 해도 늦지 않다.

설계가 나오지도 않았는데 공사계약을 진행하고 계약금까지 낸 상황이라면, 그 계약금이 아까워서 계속 끌려가야 하는 상황이 벌어질 수도 있다. 한 회사에서 설계와 시공까지 진행한다 하더라도 처음에는 설계비 정도만 주고, 도면이 나오면 도면을 가지고 상세 견적을 내서 다시 계약하는 방법을 택하자.

본인이 너무 바빠서 세세한 것까지 알아보기 힘든 상황이라면 믿을 수 있는 회사를 찾아서 일괄로 맡기는 것이 현명할 수도 있다.

시공사를 직영으로 처리하는 회사를 선정하자

적지 않은 회사들이 공사를 수주하고 직영으로 처리한다고 해놓고 실제로는 실행소장을 두고 공사를 계약하면 지방업자에게 일괄로 하청을 주는 경우가 많다. 물론 문제가 생겼을 때는 회사가 다 책임을 진다. 문제는 교육이 제대로 되어 있지 않은 업자와 진행하다 문제가 발생했을 때다. 실행소장 입장에서는 공사금액을 최소화해야 하기 때문에 눈에 보이지 않는 전기, 설비, 단열 등 완공되었을 때 문제 발생 소지가 비교적 없는 부분에 대해서 금액을 낮춰 공사를 진행하는 일이 생길 수 있다. 선정된 자재를 바꾸기는 어렵기 때문이다.

본사가 아무리 관리를 잘한다 하더라도 시공팀마다 시공하는 방법이 다르므로 마감의 완성도가 일괄적일 수 없다. 결국 시공 과정에서 관리를 철저하게 해주고 문제 해결 능력이 좋은 소장을 만나야 하는데, 안타깝게도 건축주에게는 선택권이 없다. 그래서 내가 평생 살 집을 처음부터 끝까지 책임지고 지어줄 수 있는 회사를 선택해야 한다.

일부는 하청에 재하청으로 진행되는 현장도 있다. 그럴 경우에는 자본금의 여유가 없기 때문에 내가 현장에 지급한 돈이 다른 곳으로 유용될 소지도 있다. 이럴 경우 마지막 마감공사를 할 때 문제가 발생하기 쉽다. 이러한 문제를 미연에 방지하기 위해서는 하청이 아니라 회사의 월급소장으로 일하면서 현장을 지휘하는 소장이 있는 회사를 선택해야 한다.

자재를 본사에서 지급하는지 살펴보자

자재를 본사에서 지급하면 뭐가 좋을까? 시공을 하는 작업팀이 자재를 사서 작업을 해야 한다면 자재를 아끼는 만큼 공사금액을 아낄 수 있다. 공사를 진행하면서도 자재 사용을 아껴가면서 작업을 하게 된다. 하지만 자재를 본사에서 지급해준다면 어떻게 될까? 자재를 아끼지는 않을 것이다. 집을 짓고 나면 재료비, 인건비, 경비 중에 남는 것은 재료비뿐이다. 그러므로 건축주 입장에서는 재료비 비중이 크면 클수록 좋다. 인건비 등은 무형의 경비지만, 재료비는 집이 완성되면 모두 남아있는 유형의 경비이기 때문이다. 작은 것들은 그냥 가더라도 레미콘, 철근, 구조재 등 집의 기본에 해당되는 자재들은 본사에서 지급하는 게 좋다. 그래야 재료를 아끼지 않는 맛있는 요리가 나올 수 있다. 아니면 처음부터 건축주 직영 자재로 선정해도 좋다.

공사계약 전에 기본적인 자재 스펙을 정하자

물론 모든 자재 스펙을 다 결정하기는 힘들다. 하지만 일단 견적을 내려면 기본적인 자재 스펙을 정해야 한다. 강화마루도 회사마다 몇만 원씩 차이가 나기 때문에 생산회사명까지 확정한 자재 스펙이 정해져야 한다. 그래야 공사를 진행하면서 생기는 추가 비용을 최소화할 수 있다. 처음에 최대한 낮은 금액을 정해놓고 공사를 진행하면서 제품을 변경하고 추가하다 보면 몇천만 원이 늘어나는 것은 정말 쉬운 일이 될 수 있다. 그러므로 견적을 받을 때는 제품명이 포함된 상세견적을 받아서 공사계약을 해야 한다. 나중에 싫은 소리를 잘 못하는 성격이라면 더더욱 계약 전에 자재 스펙을 확실히 하고 가는 것이 좋다.

외관 마감 자재비가 가격을 많이 좌우한다. 계약 전에 확실하게 정하고 가는 것이 좋다.

내부 마감도 정확하게 어떤 자재인지 정하자.

현관조명

● 크라운 팬던트 센서등

기본조명

● LED 6인치 매입등

조명기구는 별도로 가는 경우도 많다. 어떤 제품을 사용할지 상담을 받아서 정확한 예산을 잡자.

거실등

● 라파엘 실링팬

벽등

● 준마 벽등

주방등

● 클린 LED 욕실/주방등

수전금구류

● 욕실 세면수전

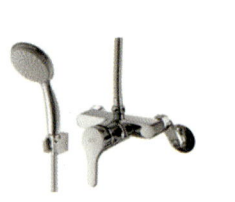
● 욕실 샤워수전

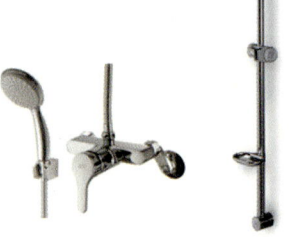
● 슬라이드바

● 아크 욕조

위생기구는 가장 소홀히 하기 쉽다. 하지만 상당한 금액을 차지하므로 세세하게 살펴보자.

도기류

● 욕실 양변기

● 공용욕실 세면대

● 부부욕실 세면대

● 공용욕실 수납장

애매한 공정이 있다면 아예 별도로 가자

견적을 받을 때 가장 애매한 부분이 인테리어 미팅이 확정되지 않은 상태에서 위생기구나 조명, 가구 등의 금액을 확정하는 것이다. 이런 공정은 건축주가 직접 구매를 해도 되는 사항이므로 견적외공사로 가는 것을 고려해볼 만하다. 공사가 진행되는 사이, 조명 등에 대한 정보를 업체에게 받아서 인터넷사이트나 매장을 직접 방문, 자재를 선정한 뒤 건축주가 현장에 납품하는 방식으로 진행한다. 실제 많이 하고 있는 방식으로 생각하고 있는 집의 인테리어 콘셉트에 맞게 건축주가 직접 발로 뛰며 물건을 고르는 재미를 맛볼 수 있다. 견적을 받아보고 그중 내가 직접 할 수 있는 일들은 별도로 진행한다면 업체와의 갈등을 최소화할 수 있다.

3D로 우리 집을 그려보자

집을 설계하면서 캐드로 그린 평면, 즉 2D만 확인하면 정확하게 우리 집이 어떻게 나올지 이해하기 힘들다. 시공하는 기술자들도 이해하기 힘든데 건축에 대한 이해가 없는 건축주라면 더 이해하기 어렵다. 설계계약 시에는 반드시 3D로 작업을 해주는지 확인하고, 3D 작업까지 포함해서 진행하는 것이 좋다. 만약 값싸게 설계를 계약하고 입면과 평면만 제공한다면 그 설계는 그냥 고객이 말하는 대로만 해주는 설계이다. 고민을 많이 하지 않은 설계가 나올 수밖에 없다. 설계계약을 할 때는 항상 건축주 본인이 쉽게 이해할 수 있도록 3D를 요구하고, 공사 계약을 하기 전에 완벽하지 않더라도 최소한 우리 집의 형태에 대해서는 충분히 이해하고 있어야 한다.

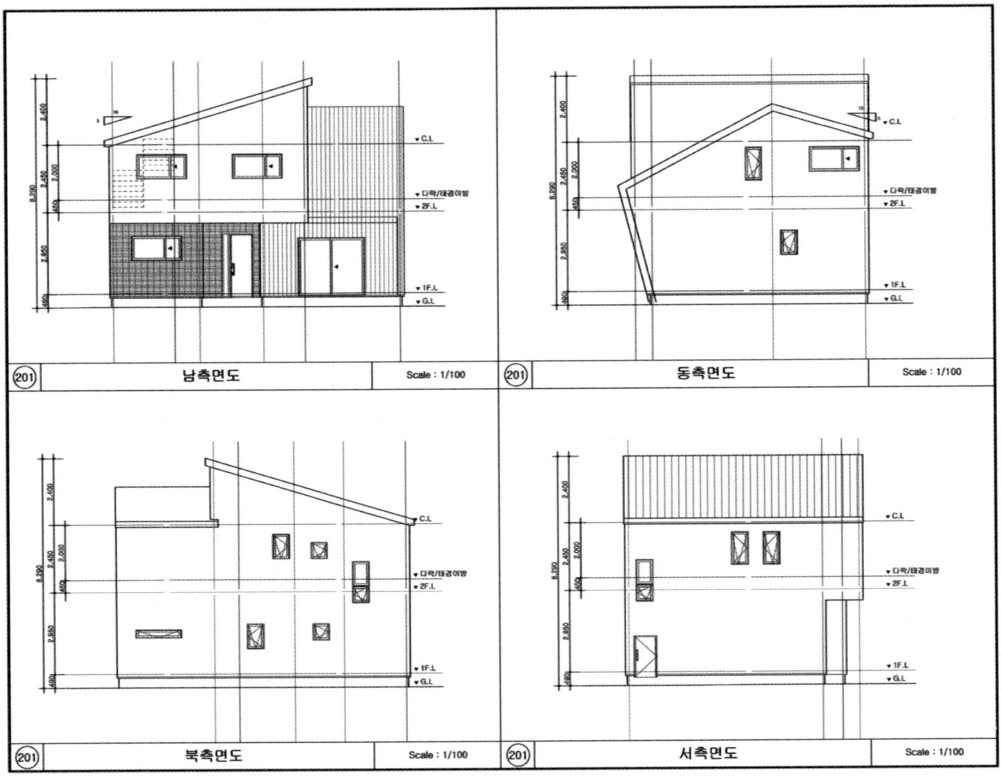

캐드로 입면을 먼저 그려본다.

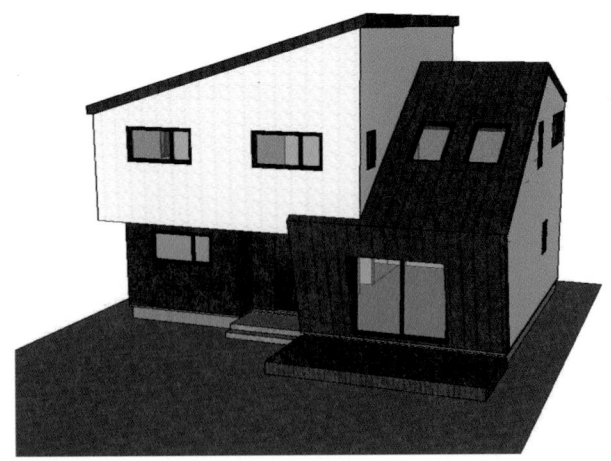

입면도를 3D로 그린 모습. 2D로는 이해할 수 없는 디테일을 쉽게 알 수 있다.

왼쪽 사진은 캐드로 그린 입면도와 3D로 작업된 이미지이다. 캐드로 그린 입면도로는 비전문가가 집의 외관을 완벽하게 이해하기 힘들다. 그러므로 입면도를 3D로 작업해줄 수 있는 설계사무실과 계약하는 것이 좋다. 내가 지을 집에 대한 충분한 이해가 있어야 내가 원하는 집 짓기에 좀 더 가까이 다가설 수 있다.

가장 확실한 방법, 대표를 만나보자

단독주택은 아파트와 달리 주문주택이다. 단 하나의 주택을 짓는 것이다. 그만큼 내 상황에 맞는, 그리고 마음이 맞는 업체를 찾는 것이 중요하다. 너무 바쁘다면 모든 일을 일괄로 처리해줄 수 있는 회사가 필요하고, 시간적 여유가 있다면 나와 함께 꾸준하게 소통하면서 일할 수 있는 회사가 필요하다. 인터넷에서 찾은 정보나 보이는 모습도 중요하지만, 그 회사를 가장 잘 알 수 있는 방법은 회사의 대표를 직접 만나서 대표의 마인드가 어떤지 알아보는 것이다. 집장사를 하고 있는 사람인지 아니면 정말 제대로 된 집을 짓는 사람인지는 만나서 이야기를 나누다 보면 알 수 있다.

또 한 가지, 대표가 직접 현장을 관여하는 회사와 그렇지 않은 회사의 차이가 있다. 대표는 현장에서 모든 것을 수정하고 또 책임을 질 수 있지만 직원들은 불가하다. 그러므로 대표가 현장을 이해하고 체크하면서 잘못된 부분은 수정하고 더 좋게 바꿀 수 있는 것은 바꿔나가면서 작업을 진행하는 회사가 좋은 집을 지을 수 있다.

[TIP] 설계 의뢰 후 확인해야 할 사항들

1. 캐드도면과 함께 3D 그림도 같이 요구하자. 일반인이 캐드 도면으로 평면을 완벽하게 이해하기는 힘들다. 공사를 진행하면서 변동사항이 있을 수 있으므로 3차원 도면을 같이 보면서 도면을 이해해두자.

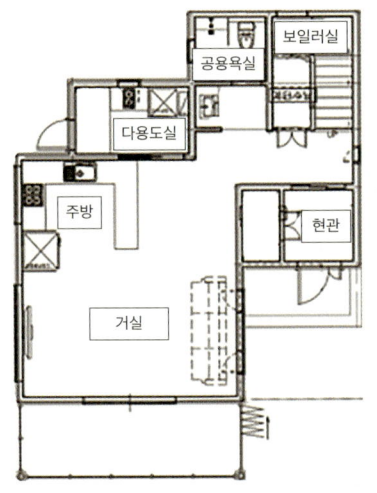

캐드 프로그램으로 그린 도면.　　　　　　　　3D로 전환한 도면. 일반인이 이해하기에 좋다.

2. 감리는 현장에 몇 차례 오는지 계약서에 명시하고 약속을 하고 같이 만날 것. 설계사무실에서 그냥 한번 왔다 가는 것과 건축주가 함께 체크하는 것은 확실히 다르다. 공사기간이 조금 길어지더라도 현장에서 만나서 같이 확인하자.

3. 설계를 진행할 때는 메인소장과 미팅을 자주 하자. 아래 직원들이 설계를 도맡아서 하는 경우도 왕왕 있으니, 이를 감안하여 메인소장을 만나 이야기를 많이 나누는 게 좋다. 메인소장을 귀찮게 할수록 집에 대해 더 많이 생각하게 되므로 더 좋은 결과물이 나오기 마련.

[TIP] 시공 계약 시 확인해야 할 사항들

1. 평당 계약은 하지 않는 것이 좋다

대부분의 사람들이 집을 짓기로 맘먹으면 평당 가격을 굉장히 중요하게 생각한다. 아파트 분양가도 총분양 가격을 아파트 평수로 나눈 것에 불과하다. 즉, 땅값과 공사비의 비중이 얼마인지 알 수가 없다. 평당 가격은 고객을 속이기 위한 술수에 불과하다. 평당 가격은 땅값에 적용되는 것이지 집에 적용될 수는 없기 때문이다.

그러므로 "이 집은 평당 얼마 들었나요?"라고 묻기보다 "이 집 총공사비가 얼마입니까?" 하고 물어야 한다. 하지만 대부분의 사람들은 이 집이 몇 평인지도 안 물어보고 평당 얼마인지를 먼저 묻는다. 물론 필자도 "평당 얼마 정도 들어갑니다"라고 대답한다. 대부분 상담을 온 사람들의 첫 번째 질문이니까. 이걸 설명하려면 오랜 시간이 걸리기 때문에 그냥 "평당 얼마입니다"라고 말하게 되는 것이다. 사실 설계도 안 나왔는데 평당 얼마가 들지는 알 수 없다.

예를 들어보자. 부엌 가구는 99㎡(30평) 집이나 198㎡(60평) 집이나 똑같이 들어가야 한다(물론 규모의 차이는 조금 있지만). 일반 중급 기준으로 두 집 모두 천만 원에 가구를 맞추었다면 99㎡(30평) 집은 평당 33만 원이 들었고 198㎡(60평) 집은 16만 원이 든 것이다. 그런데 상세견적서가 아닌 평당 금액으로 계약하면 30평도 평당 400만 원이고 60평도 평당 400만 원이다. 이것 자체가 말이 안 된다. 60평 계약 고객은 평당 17만 원가량을 손해 보고 가는 것이다. 99㎡(30평) 집을 짓는다고 회사가 손해를 보지는 않을 테니 말이다.

그러므로 견적을 받아보아야 한다. 똑같은 제품을 썼다면 평수가 작으면 가격이 올라가고 평수가 넓을수록 내려가기 때문이다. 이외에도 거실 아트월, 거실 등, 화장실, 주방, 보조주방, 계단공사 등 평당 가격으로 말하기에는 애매한 아이템이 너무도 많다. 거실이 33㎡(10평)인 집도 평당 400만 원이고 거실이 16.5㎡(5평)인 집도 평당 400만 원이다. 그러므로 계약을 할 때는 평당 계약을 하지 말고 시공 면적이 나와 있는 상세 견적으로 해야 한다.

2. 공사비 지급방식을 명확하게 정하자

영세업자라면 카드를 돌려가며 막듯이 현장에서 돌려가며 막기를 하는 경우가 있다. 이럴 경우 우리 집 건축 현장에 사용되어야 할 돈이 다른 현장으로 흘러 들어갈 수도 있다. 그러므로 계약금 외에는 매달 말일에 공사 진행되는 공사량에 따라서 공사비를 지급하는 것이 좋다.

비용을 절감하는
설계 디테일

+

내가 원하는 땅을 샀다. 이젠 집을 지어야 하는데 어디서부터 시작해야 할까? 물론 전문가에 의뢰하는 것이 가장 좋은 방법이다. 내가 스스로 모든 것을 해결하면 비용을 아꼈다고 생각할 수도 있는데 결론적으로 마지막에 정산을 하면 스스로 고생하며 지은 거나 업체에 처음부터 맡겨서 지었거나 가격 차이가 거의 없는 경우가 많다. 정말 공부를 많이 해서 현장소장급의 전문지식을 가지고 있지 않는 한 시행착오도 겪고 이래저래 시간적, 경제적 손실도 많이 보게 된다. 처음으로 집을 짓는 사람들이 가장 많이 실수하는 것이 있다. 바로 설계에 너무 신경을 안 쓴다는 점이다. 대부분의 사람들이 집을 짓기 전에 가장 궁금해하는 것은 "이 집은 평당 얼마예요?", "이 자재는 ㎡당 얼마예요?"처럼 주로 돈과 관련 있다. 정작 이런 모든 공사비가 설계 때 정해진다는 사실을 까마득히 잊고 있는 경우가 많다. 설계 시 정한 지붕 모양, 벽체 모양 하나 때문에 공사비가 몇백만 원씩 왔다 갔다 한다는 사실을 말이다.

그럼에도 많은 사람들이 ㎡당 몇만 원, 몇천 원 아끼려고 자재를 찾아다니고 조금이라도 싼 견적을 받기 위해 집을 짓기도 전에 고생을 한다. 원천적인 문제가 해결되지 않는 한 아낄 수 있는 비용은 한계가 있다. 설계 단계부터 비용을 절감하는 설계를 해야 한다.

먼저 집 면적에 대한 이야기를 해보자. 우리 가족에게 알맞은 면적은 어느 정도일까? 우리 가족이 살아가는 데 필요한 면적은 어느 정도일까? 통상적으로 중산층을 기준으로 한다면 단독주택 기준으로 인당 33㎡(10평) 정도이다. 4인 가족이면 132㎡(40평) 정도가 만족할 수 있는 면적이 나온다고 할 수 있다. 1층에 거실, 주방, 다용도실, 서재, 욕실, 계단실이 들어가고 2층에 아이방 2개, 부부침실, 욕실, 드레스룸이 들어간다면 40평 초반이 된다. 물론 건축주가 원하는 방의 크기에 따라서 달라질 수는 있지만 통상적으로 4인 가족이 원하는 평면은 다음과 같다.

1층 평면 다용도실, 주방, 거실, 욕실, 서재, 현관, 계단실이 들어간다. 총 74.81㎡(22.63평)

2층 평면 안방, 드레스룸, 침실 2개, 욕실, 발코니, 가족실 65.49㎡(19.81평)

그런데 도시를 떠나 지방에 내려가 살면서 너무 큰 집을 지을 필요는 없으니 적당히 합의점을 찾아야 한다. 4인 가족을 기준으로 1층에 거실과 주방을 두고 2층에 부부침실과 아이방 2개를 둔다면 30평 초중반 정도의 면적이면 괜찮은 구성을 만들 수 있다. 물론 더 작게 만들 수도 있지만 평소 내가 가진 생활방식을 충분히 고려해서 결정해야 한다. 예를 들어 일본에서 확산되고 있는 협소주택은 실제 가서 확인해보면 일반인들은 생활이 불편할 정도로 작게 느껴지는 경우도 많다. 33㎡(10평)도 안 되는 도심지의 작은 땅에 집을 지어 산다는 게 어찌 보면 이상적으로 들리지만 필자가 출장을 가서 직접 확인해보니 '아, 이건 정말 소수만이 선택할 수 있는 주택이구나.' 하는 생각이 들 정도로 작았다.

집이 작다고 돈이 적게 드는 것도 아니다. 흔히들 집이 작으면 들어가는 비용도 적게 들어간다고 생각한다. 절대 아니다. 예를 들어서 66㎡(20평)짜리 집도 현관문이 한 개 들어가고 132㎡(40평)짜리 집도 현관문이 한 개 들어간다. 설치할 현관문의 가격이 300만 원이라 했을 때 66㎡(20평)대 집에서는 평당 약 15만 원이 되고 132㎡(40평)대 집에서는 평당 약 7만 5천 원이 된다. 필자가 이 이야기를 하는 이유 중 하나는 집을 짓기로 결심한 대부분의 사람들이 목숨처럼 매달리는 일이 '평당 얼마'이기 때문이다. 하지만 앞에서 얘기한 것처럼 같은 현관문이 작은 집에서는 15만 원, 큰 집에서는 7만 5천 원으로 가격이 달라진다. 즉 평수가 작아질수록 평당 단가도 오르는 것이다. 공사비를 아끼기 위해서 집의 면적을 줄이기보다는 효율적인 설계와 합리적인 자재를 선택하는 것이 공사비를 가장 많이 아낄 수 있는 길이다.

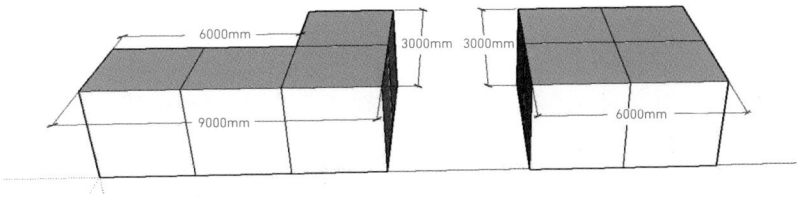

바닥면적은 같지만 벽체면적이 다르다.

위 그림에서 박스 한 개의 사이즈는 3m×3m이다. 이 박스 4개를 합쳐서 형태를 디자인한 것이다. 한 개는 4개를 모아서 정사각형으로 했고 한 개는 ㄱ자로 만든 것이다. 이 두 집은 같은 36㎡의 바닥면적을 가진 집이다. 흔히 말하는 11평이 조금 안 되는 집이다. 그렇다면 이 두 집의 공사비도 같을까? 간단하게 벽체면적을 계산해보자.

	ㄱ자형	정사각형
바닥면적	6×3+6×3=36㎡	6×6=36㎡
벽체면적	(9+6+3+3+6+3)×3=90㎡	6×4×3=72㎡

ㄱ자형과 정사각형의 설계는 흔히 말하는 평당 공사비로 따지면 바닥면적이 같기 때문에 공사비가 같아야 한다. 하지만 벽체를 보면 1번은 90㎡이고 2번은 72㎡이다. 18㎡ 차이가 난다. 가격 차이가 별로 없을 거라고 생각하기 쉽지만 마감부터 생각한다면 목구조비용 또는 콘크리트 비용이 늘고 내부에 석고보드를 마감하고 벽지를 마감하는 비용, 외부는 단열과 외부 마감재의 비용이 증가한다. 즉, 수천만 원의 비용 차이가 생길 수도 있다. 그래서 같은 면적을 가진 집이라 할지라도 외부 설계에

따라서 금액이 수천만 원까지도 차이가 나는 것이다. 자재 선택으로 비용을 절감하는 것은 아껴봐야 수백만 원도 되지 않는다. 예를 들어 온돌마루에서 강화마루로 바꾼다고 하더라도 132㎡(40평) 면적의 집을 기준으로 했을 때 절감할 수 있는 비용은 약 120만 원 정도이다. 오히려 설계 단계에서 벽체면적을 줄이는 게 더 많은 비용을 아낄 수 있다. 그렇다면 복층 설계를 했을 때의 예도 들어보자.

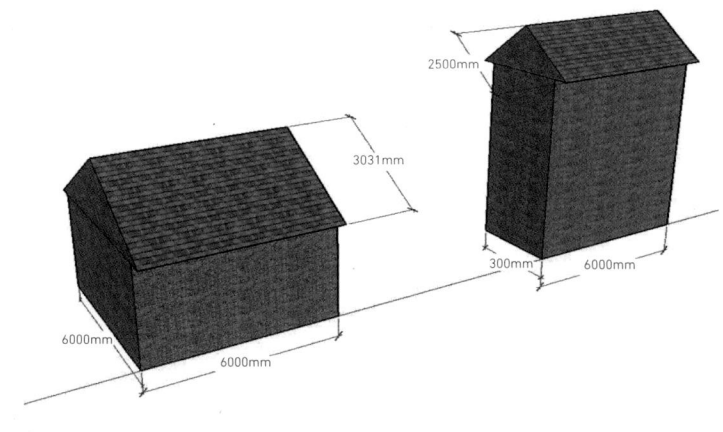

복층 설계 시.

먼저 면적을 계산해보자.

	단층	복층
바닥면적	6×6=36㎡	1층 3×6=18㎡ 2층 3×6=18㎡
벽체면적	6×4×3+7×2=86㎡	(3+6+3+6)×6+4×1.5=114㎡
지붕면적	4.03×6×2=48.36㎡	2.5×6×2=30㎡

두 집도 흔히 말하는 평수는 같다. 36㎡의 같은 면적을 가지고 있는 집이다. 그런데 외부면적과 바닥면적, 지붕면적이 모두 다르다. 이 두 집의 공사비는 절대 같을 수 없다. 그래서 '평당 얼마'라는 비용은 아파트처럼 획일화된 집을 지을 때나 적용할 수 있을 뿐, 단독주택에서는 불가능하다. 비용을 가늠해보고 싶다면 내가 지을 집의 설계를 토대로 물량을 계산해보고 적용해봐야 한다.

1층 바닥면적은 단층집이 더 넓다. 목조주택이든 콘크리트 주택이든 기초가 상당히 많은 공사비 포지션을 차지한다. 그래서 1층이 좁을수록 공사비는 절감된다. 공사비를 아끼려면 복층형태의 집을 짓는 것이 좋다. 그런데 벽체는 복층집이 더 넓다. 벽체공사비용은 복층집의 공사비가 더 나온다. 마지막으로 지붕면적은 단층집이 더 넓다. 자, 이제 자재를 생각해보자. 만약 비싼 지붕재를 사용한다면 단층집의 공사비가 더 나올 것이다. 벽체에 굉장히 비싼 비용의 자재를 마감한다면 당연히 복층집의 공사비가 증가할 것이다. 즉 자재 선택에 따라서 공사비 증감의 폭이 커진다. 이처럼 설계를 어떻게 하느냐에 따라서 공사비가 차이가 나므로 단순히 '평당 얼마'라고 단정 지을 수는 없다. 업체들의 장난에 속지 말고 면적을 최소화하면서 실내공간이 넓은 집을 설계하는 것이 중요하다. 공사비를 절감할 수 있는 설계를 해놓고도 정작 계약은 평당 얼마로 한다면 이것 또한 업체에게 좋은 일을 해주는 것이다. 이런 실수는 범하지 말자.

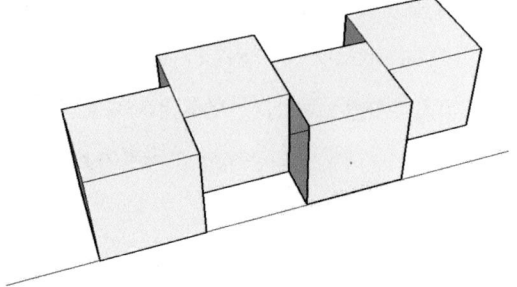

복잡한 설계.

만약 위의 그림과 같은 작품을 만들어보겠다고 설계를 했다면 어마어마한 견적을 받고 처음부터 다시 시작하거나 은행과 친해져야 할 것이다.
작품은 작품 값을 한다.

[TIP] 공사비 아끼는 핵심 설계 포인트

하나, 박스 형태의 설계를 하자.

둘, 지붕 모양을 복잡하게 하지 말자.

셋, 마감을 물량으로 계산해서 계약하자.

넷, 1층보다 2층으로 설계하는 것이 비용 면에서 효율적이다.

따뜻한 집 만들기

사실 아파트는 외부에 단열재 없이 내부에 얇은 단열재를 시공하고 모든 집이 난방을 함께 함으로써 난방이 되는 구조이다. 만약 아파트처럼 단독주택을 짓는다면 모든 배관이 동파될지도 모른다. 아파트가 따뜻한 경우도 있지만, 북향의 아파트들은 보일러를 아무리 돌려도 22도가 채 되지 않는 경우도 많다.

그런데 왜 주택은 춥다는 선입견이 생겼을까? <응답하라 1988> 시절의 주택은 거의 벽돌주택이다. 벽돌을 쌓고 단열재를 대충 넣어 만든 주택이다. 그렇게 지은 집들은 웃풍이 있고 단열이 부족하기에 겨울에는 춥고 여름에는 덥다. 하지만 요즘 짓는 주택들은 그렇지 않다. 잘 짓는다면 겨울에도 낮에는 보일러를 돌리지 않아도 22도를 유지할 정도의 단열능력을 가지고 있다. 그렇다면 어떤 부분에 신경을 써야 이렇게 따뜻한 집을 지을 수 있을까? 집이 스스로 시원해지고 따뜻해질 수는 없다. 어떤 에너지를 가했을 때 그 에너지를 오랫동안 품게 하는 것이 중요하다.

무엇보다 바닥 단열이 중요하다

많은 사람들이 집을 지을 때 벽체에 얼마나 두꺼운 단열재를 시공하느냐를 중요하게 생각한다. 물론 중요하다. 하지만 집을 따뜻하게 해주는 에너지는 바닥에 뜨거운 물이 돌면서 바닥을 데우고 그 복사열이 집을

따뜻하게 하는 것이다. 따뜻한 집을 지으려면 복사열이 최대한 외부로
세지 않고 집 안을 데워주도록 공사해야 한다. 다시 말해 난방배관 바로
밑에 단열을 해주어야 한다. 난방배관이 바닥을 따뜻하게 만들어주어야
하는데 기초 콘크리트 부분이 그 에너지를 빼앗아간다면 바닥 난방을
아무리 열심히 해도 집이 따뜻해지기 힘들다. 그래서 기초공사를 하고 그
위에 단열재를 시공하고 그 위에 난방배관을 시공하고 최대한 얇게 몰탈을
시공해서 마무리해야 한다. 이게 따뜻한 집의 시작이다.

1층 바닥 콘크리트를
타설하기 전에 꼭
단열재를 시공해야 한다.

바닥 난방배관을 타설하기
전에 열전도율을
증가시키는 제품을
시공하는 게 좋다. 사진은
금속계열 온돌매트를
시공한 모습.

벽체와 지붕은 2중으로 단열해야 한다

옷을 입을 때 두꺼운 점퍼 하나보다 얇은 옷을 여러 겹 입는 것이 더 따뜻하다는 사실은 잘 알고 있을 것이다. 주택도 마찬가지이다. 외부에 단열을 해주고 내부에도 단열을 해줘야 효과적이다. 기본적으로 외부는 50~110mm 단열재를 시공해주고 내부는 목조주택이라면 글라스울 같은 단열재를 넣어주고 콘크리트나 벽돌주택이라면 롤단열재를 해주면 좋다. 여기에 석고보드로 마감을 한다면 외부에 아주 두꺼운 단열재를 시공한 집보다 열효율이 훨씬 좋은 주택이 될 수 있다. 지붕은 열반사 단열재 시공이 꼭 필요하다. 지붕에 내리쬐는 햇빛이 지붕을 데운 뒤, 그 열이 집으로 전해지면서 여름 내내 집이 더워 에어컨으로도 견디기 힘든 경우가 많기 때문이다. 특히 온난화 현상으로 여름이 길어진 요즘은 필요성이 더욱 커지고 있다. 지붕에 태양복사열을 차단시키고 그 데워진 공기가 빠져나갈 수 있도록 환기층을 만들어준다면, 집 안으로 열이 직접 가해지지 않아 여름에도 외부보다 집이 훨씬 시원하다.

내부 벽체 중 외부와 접하는 면은
빠짐없이 단열재를 시공해야 한다.

지붕공사 시에 태양복사열 차단을 위한
열반사 단열재를 시공해야 한다.

집의 난방비를 아끼기 위해서 지열보일러, 태양광, 태양열 등 다양한 에너지를 활용한 제품들을 설치하기도 한다. 지열보일러는 1,500만 원 이상 들어가고 태양광도 500만 원 이상을 투자해야 하는 제품이다. 만약 한 달 전기료가 10만 원 이하라면, 태양광의 경우 본전을 뽑는 데 5년 정도 소요된다. 지열보일러는 더 긴 시간이 걸린다. 사람들이 일반적으로 하는 실수가 바로 이런 것이다.

집을 지으면서 LED 등을 설치하고 에너지를 절감할 수 있는 여러 제품을 활용하여 시공한다면 충분히 저렴한 금액으로 저에너지 주택을 지을 수 있는데, 집 기능에 1,500만 원을 투자하지 않고 뒤늦게 지열보일러에 투자한다. 연비 나쁜 차를 사서 그걸 보완하겠다고 여러 보충재를 자주 넣어주고 계속 튜닝을 하는 것과 같다. 돈을 조금 더 들이더라도 처음부터 연비 좋은 차를 사는 것이 비용도 절감되고 가장 합리적인 나의 집을 갖는 방법이다. 그뿐인가. 오히려 비용도 적게 든다.

설계 시 집을 남향으로 배치해 채광이 충분히 되도록 하고 단열공사를 제대로 한다면, 한겨울에도 밤에 잠깐 보일러를 돌리는 정도로 20도 정도의 온도를 유지할 수 있다. 집을 대충 짓고 다른 보완제품으로 에너지 소모를 보완하려고 하지 말고 처음부터 에너지가 덜 들어가는 제대로 된 집을 짓자.

요즘에는 기름보일러도 기능이 좋은 제품이 많다. 연비가 좋아졌다고 할까? 기밀을 유지한 집을 지으면 기름보일러만 가동해도 충분하다. 즉 천만 원 넘게 들어가는 다른 보일러에 비해서 기능이 결코 떨어지지 않는다. 대체 에너지로 난방비를 보완하는 것도 중요하지만 처음부터 에너지를 잘 품는 집을 짓는 것이 더 중요하다.

라이터를 켜보면 불빛이 여섯 개가 보인다.
이게 단열성능이 뛰어난 3중 유리이다.
일반 2중 새시보다 단열성능이 좋다.

창문 틈 사이로 새는 에너지가 많다.
창문 틈도 우레탄폼 등으로 메워주어야 한다.

[TIP] 단열재별 장단점

비드법 단열재 우리가 흔히 말하는 스티로폼이다(스티로폼은 특정회사 제품명이다). 정식 명칭은 비드법 단열재 또는 EPS 단열재라고 부른다. 비드를 발포, 압착시켜서 만든 단열재이다. 이 제품은 흡수율이 비교적 높아서 외부에 시공하되 지상층에 많이 시공한다.

압출법 보온판 약어로는 XPS라고 하며 통상적으로는 아이소핑크라고 부른다(이것 또한 제품명이다). 이 제품은 직접 물에 닿는 부위에 시공을 해도 단열성능을 어느 정도 유지하기 때문에 지하층 외벽에 적용할 수 있다. 또한 단열성능이 EPS보다 높기 때문에 보다 얇은 단열재를 적용할 수 있는 장점이 있다. 그래서 집 안 내부에 많이 시공한다. 이 단열재의 단점은 시간이 경과하면 단열성능이 현저히 떨어진다는 것이다. 70도가 넘으면 2차 발포를 하기 때문에 바닥 난방 파이프 밑에 단열재로 사용하기에는 적합하지 않은 제품이다. 또한 단열성능이 저하되는 속도가 빠르다.

열반사 단열재 복사열을 차단하는 효과가 좋은 단열재이다. 이 단열재는 반드시 공기층이 있어야 효과를 발휘할 수 있다. 주로 외벽에 시공하며, 시공할 때는 공기층을 만든 뒤 시공해야 효과적이다.

글라스울 폐유리를 고온으로 녹여서 만든 제품이다. 타단열재에 비해 저렴하고 성능이 좋아서 주택에 많이 사용한다. 불연재이기 때문에 화재에 강하고 시공이 용이하다. 다만 습에 약하기 때문에 시공이 잘못되어서 습기를 먹는다면 아래로 처지거나 뭉쳐버리므로 시공 시 신경 써서 작업해야 한다.

시골에서 도시가스를 기대하기는 어렵다

제목 그대로 시골에서 도시가스를 기대하기는 어렵다. 때문에 시골로 들어가면 난방비를 가장 많이 걱정한다. 물론 여유 있는 분들은 큰 기름통을 사놓고 기름통에 기름을 가득 채워서 겨울을 보낸다. 필자가 지었던 298㎡(90평)대 집의 경우 겨울을 나려면 천만 원가량의 기름값이 들기도 했다. 물론 이건 어디까지나 여유 있는 사람들의 상황이다.

그렇다면 어떻게 해야 효율이 가장 좋은 난방을 할 수 있을까? 여러 보조난방을 효율적으로 사용해주면 좋다.

일단 주난방인 바닥 난방배관은 무조건 하자

바닥 난방배관에 대한 사람들의 판단은 제각각이겠지만 바닥에 난방배관을 설치하면 나중에 매매하기도 좋고 보조난방을 함께 사용하면 사용량도 많이 줄일 수 있다. 요즘 나오는 기름보일러는 예전에 비해 효율이 많이 좋아졌다. 연비 좋은 자동차를 산다고 생각하고 효율이 좋은 보일러를 구매해서 설치하자. 실제 보일러의 가격 차이는 몇십만 원 수준이다. 성능이 가장 좋은 보일러를 설치한다 해도 큰 부담이 되지는 않을 것이다.

태양광을 설치한다면 냉난방기를 설치하자

작은 집에 태양광을 설치한다면 냉난방기도 함께 설치하여 여름과 겨울

내내 온도조절을 해주는 것이 좋다. 물론 난방기는 집을 건조하게 만들기 때문에 처음에 집의 온도를 끌어올리는 데 사용하고 온도를 유지할 때는 바닥 난방을 사용한다. 온풍기는 집의 온도를 금방 올려주기 때문에 효율적이다.

만약 난로 설치를 고려하고 있다면 벽에 매립된 난로보다는 오픈된 난로를 설치하자. 벽에 매립된 난로는 열이 정면으로 나오기 때문에 효율이 떨어진다. 그래서 요즘에는 오픈 벽난로가 많이 나오고 있다. 연통까지 오픈되어 있다면 그 열이 집의 공기를 데워주므로 실내 온도를 끌어올리는 데 큰 효과를 발휘한다. 단, 거실에만 설치할 수 있다는 것이 단점이다.

지열보일러, 전기보일러, 화목보일러 등과 같은 보일러를 설치할

연통이 실내에 있으면 열효율이 좋아진다. 단, 이중배관을 써야 한다.

수도 있다. 보일러 설치를 결정하기 전에 몇 가지 유의할 점이 있다. 지열보일러의 경우 설치비가 1,500만 원이 넘는다. 보일러를 설치하면 보일러 집도 지어야 한다. 창고 식으로 대충 짓는다 하더라도 비용이 발생한다. 겨울에만 몇 달 운영하는 만큼 본전을 뽑으려면 많은 시간이 필요하다. 에너지를 아껴서 사용한다면, 10년이 지나도 본전을 못 뽑을 수도 있다. 또한 나라 정책이 어떻게 변할지 모르기 때문에 과도한 투자를 할 때는 여러 면을 확인해보고 진행하는 것이 좋다.

화목보일러는 연탄불 갈듯이 부지런히 땔감을 구비할 수 있을 경우에만 설치하자. 기름보일러 기능이 있는 겸용보일러는 연비가 아주 낮은 자동차라 할 수 있다. 화목보일러를 사용하지 않을 시에 기름으로 전환되면 기름 소모가 아주 많이 발생한다. 오히려 성능 좋은 기름보일러를 설치하고 적정하게 보조난방을 활용하는 것이 좋은 선택이 될 수도 있다. 가격이 비싼 기능성 제품들은 새로 지은 집이나 리모델링한 집에서 최소 10년 이상 살 경우에만 고민하자. 아이들이 초등학교를 졸업할 때까지만 살 생각이라면 설치하지 않는 게 좋다. 나중에 매매를 하더라도 내가 투자한 비용을 전부 뽑기는 어렵다. 땅값이 집값을 움직일 뿐, 집이 아무리 좋고 효율적이라고 해도 투자한 금액의 두 배를 받기는 힘들다.

단독주택의 가장 큰 골칫거리, 누수 막는 포인트

집을 지을 때 생기는 자잘한 하자들은 손쉽게 해결할 수 있어 스트레스를 많이 받지 않는다. 제일 가슴이 철렁하는 하자는 바로 누수이다. 지붕에서 새는 빗물, 화장실에서 생기는 누수 등등 물과 관련된 하자는 전체를 들어내서 다시 해야 하는 어려움이 있다. 그러므로 처음 집을 지을 때 꼼꼼하게 시공해야 한다. 방수공사는 물을 완벽하게 막는 것도 방법이지만 자연스럽게 물이 흘러가게 하는 것도 중요하다.

지붕에 시공하는 방수시트 시공법
지붕에 가장 많이 하는 방수공법이 바로 방수시트다. 하지만 방수시트는 1차적으로 방수를 해주는 것일 뿐 너무 맹신하면 안 된다. 방수시트를 하고 마감재를 잘 시공해야 완벽하게 방수를 할 수 있다.
방수시트를 시공할 때 원리를 모르는 초보자가 흔히 하는 실수가 쉽게 시공하려고 지붕꼭대기에서 밑으로 내려서 세로로 시공하는 것이다. 방수시트는 겹쳐 시공함으로써 물이 자연스럽게 흐를 수 있게 해주는 것이 핵심인데, 편하게 일하려고 세로로 시공하면 겹침 부위를 통해서 물이 침투될 수 있다. 매뉴얼대로만 진행하면 지붕 누수는 거의 일어나지 않는다. 마감재를 잘 시공하면 지붕의 물매로 인해서 그냥 흘러내려가기 때문이다. 하지만 지붕 경사가 없는 옥상 같은 평지붕이나 경사가 약한 일면 경사지붕의 경우 종종 누수 문제가 생길 수 있다.

방수시트는 가로 방향으로 처마 부분부터 한 장씩 시공해야 한다.
방수시트를 아래에서부터 시공하면 물이 마감재를 뚫고 들어와도
방수시트 사이로 물이 침투되지 않기 때문이다. 하단부부터 한 롤씩
겹쳐서 올라간다면 방수시트와 겹치는 사이로 물이 새지 않는다.
모든 방수의 시작은 기본을 잘 지키는 것이다. 다시 한 번 강조하지만
방수시트를 설치한다고 해도 100% 방수는 되지 않는다. 방수시트는
도움을 줄 뿐이다. 마감재의 시공이 제일 중요하다.

방수시트가 가로로 시공된 사진.

지붕에 환기통로 만들어주기

요즘은 처마가 없는 지붕을 많이 한다. 면적을 최대한 늘리기 위함도 있고
모던한 주택을 원할 때는 처마가 없는 편이 낫기 때문이다. 이럴 경우
주택에 환기통로를 만들어 혹시 모를 결로를 예방해야 한다.
특히 1층 지붕의 경우 2층 벽에 맞닿는 지붕들은 환기통로 없이 하는
경우가 상당히 많다. 그럴 때는 2층 벽체와 맞닿는 지점에 합판 일부를
떼고 지붕을 덮을 때 공기통로를 만들어주는 것이 좋다. 처마가 있다면
처마에 환기통로를 만들고 용마루에 통로를 만들어주면 된다. 벽체는

단열성능이 중요하기 때문에 환기통로를 생략할 수도 있지만 지붕은
복사열을 많이 받는 부분이므로 환기통로를 꼭 해줘야 한다. 처마를
통해서 들어간 공기가 지붕 꼭대기인 용마루를 통해서 빠져나갈 수 있도록
공기의 흐름을 만들어주면 단열에도 도움이 되고 결로현상을 막는 데도
효과적이다.

벽체와 만나는 부분의
합판을 뗀 사진.

징크를 덮을 때
환기통로를 만든 사진.

욕실 방수 타일 밑에 침투된 물이 빠져나가게 하자

방수에 대한 많은 자재가 나오고 있어서 좋은 자재를 구하는 것은 어렵지 않다. 하지만 가장 중요한 점은 역시 시공이다. 필자도 욕실 누수로 인해 고생을 해본 경험이 있기 때문에 다양한 방수공법을 적용해보았다. 하지만 다양한 방수공법보다 전문가가 잘 시공하는 것이 가장 효과적이었다. 시공하기 전에는 욕실을 깨끗하게 청소하고, 전문가가 방수공법에 따라 천천히 세세하게 작업해야 한다.

시공할 때는 특히 설비배관을 합판의 라인과 맞게 잘라서 방수를 배관 안쪽으로 감아서 방수하는 것이 좋다. 타일은 방수가 되지 않기 때문에 타일 밑으로 물이 들어가기 마련이다. 밑으로 들어간 물이 빠져나가야 하는데 배관을 올려서 방수를 해버리면 타일 밑으로 침투된 물이 빠져나갈 구멍이 없기 때문에 계속 바닥에 머물러 있게 된다. 이렇게 고인 물이 누수의 원인이 된다. 방수를 할 때 물매를 잡아주고, 배관은 합판과 라인을 같게 해서 자연스럽게 침투된 물이 밖으로 나갈 수 있게 해줘야 한다.

PVC 배관을 잘라줘야 한다.

배관을 자르고 배관 안쪽으로 방수를 해줘야 물이 자연스럽게 흘러나간다.

집 안에 설치된 수도배관도 단열재를 감싸주자

천장에 시공한 석고보드 바로 위에는 전기와 설비배관이 지나가는 통로가 있다. 이곳의 온도는 상당히 높은데 여기에 지하수나 수돗물처럼 아주 차가운 물이 지나가면 결로 현상이 생긴다. 결로 현상으로 파이프에 생긴 물이 천장 석고보드에 떨어지는 일이 반복되면 천장에 곰팡이가 생기거나 석고보드가 상하는 등의 문제가 발생할 수 있다. 이러한 상황을 막으려면 집 안에 설치된 수도배관도 단열재로 감싸주어야 한다. 동파를 막기 위해서가 아니라 결로를 막기 위해서 감싸주는 것이다. 결로에 의해서 천장에 곰팡이가 생기고 석고보드의 성능이 저하되는 것은 아주 오랜 시간이 지나야만 알 수 있다. 미리 예방하는 것이 좋다.

결로가 생긴 수도관.

모든 수도배관에 단열재를 감싸준다.

수도배관은 가지치기를 최소화하자

외국 영화나 드라마를 보면 화장실 변기의 물을 내렸는데 갑자기 뜨거운
물이 쏟아지는 바람에 옆에서 샤워를 하던 사람이 깜짝 놀라는 일이 종종
등장한다. (우리나라에서도 종종 벌어지는 일이다.) 이는 같은 배관으로 수도가
들어왔기 때문에 한쪽으로 찬물 유입이 많아지는 만큼 다른 쪽에서는
수압에 의해 찬물의 유입 물량이 줄면서 벌어진 일이다. 이 경우 정작 큰
문제는 다른 곳에 있다. 바로 수도배관을 연결할 때 쓰는 연결부속이다.
연결부속도 금속이기 때문에 뜨거운 물이 오랫동안 지속적으로 지나가면
하자가 발생한다. 그렇게 되면 나중에 연결부속에서 누수가 발생할 수
있다. 살면서 불편할 만큼 문제가 생긴다면야 뭐가 문제인지 찾아내서
수리를 하겠지만 눈치채지 못할 정도로 아주 조금씩 샌다면 그냥 모르고
지낼 수도 있다. 특히 콘크리트는 벽체에서 물이 새도 그 물이 콘크리트
내부의 철근을 따라서 흐르다가 바닥에서 샐 수도 있다. 그렇게 되면
정말 원인을 찾을 수 없게 된다. 그래서 골조 안에 묻히는 연결부속은
최소화할수록 좋다. 즉 수도배관을 이어서 작업하지 말고 출발점에
분배기를 만들어 분배기에서 바로 원하는 지점까지 하나의 배관으로
연결해주는 것이다. 또한 하자가 생겼을 때에 대비해 설비배관을
이중배관으로 해주자. 주름관을 시공하고 주름관 외부에 단열재를
시공해주고 주름관 안으로 배선을 해줌으로써 혹시 모를 하자에도
언제든지 교체가 가능하도록 하는 것이다. 또한 공사를 하면서 수도관에
작은 구멍이 생긴다면 어느 누구도 눈치채지 못한 채 그대로 마감이 될
수도 있다. 수도배관을 하고 나면 압 체크기를 설치해서 누수가 생기지
않았는지 확인한 뒤 마감해야 한다.

모든 수도를 분리한 뒤 한 곳에서 조절할 수 있도록 설치한다.

단열재 안에 주름관이 있고 그 주름관 안으로 수도배관이 지나간다. 이렇게 시공하면 추후 문제가 발생해도 교체가 용이하다.

공사 시 실수로 배관에 구멍을 낼 수 있는데 미세한 구멍이라면 잘 모르고 지나갈 수 있다. 압 체크기를 걸어놓고 마감할 때까지 확인해주자.

외부 테라스 겨울철 누수

겨울에는 누수가 덜 발생할 거라고 생각하는 사람들도 있지만, 실제 겨울철 누수는 매우 흔한 일이다. 겨울에는 눈이 자주 내려 테라스에 눈이 쌓이는 날이 많다. 외부 테라스에 눈이 쌓인 뒤 날씨가 좋아지면 눈이 녹기 시작한다. 이때 햇빛에 노출되어 먼저 녹은 물이 미처 녹지 않은 눈으로 인해 배수구가 막혀 빠져나가지 못하면 벽체에 침투하게 된다. 테라스는 보통 바닥만 방수를 하기 때문에 녹은 물은 벽체에 침투하거나 테라스 창호 하단부를 통해서 침투해 1층 거실에 피해를 준다. 이럴 경우 사실 뾰족한 수가 없다. 그러므로 눈이 많이 오면 바로 치워줘야 한다. 집 안에서 테라스로 나가기 위해서는 창호를 설치해야 하는데 창호는 빗물이 흘러 밖으로 빠져나가게 할 수는 있지만 방수처리까지 되어 있지는 않아서 물이 고이면 언젠가는 피해가 생긴다. 외부 테라스에 눈이 쌓이면 바로 치워주거나 물이 빠져나가는 유가를 녹여서 물이 흘러내려갈 수 있도록 해주는 방법밖에 없다. 일본에서는 발코니 벽체 하단부에 구멍을 내서 물이 빠져나가게 하기도 한다. 엄밀하게 말하자면 베란다 유가에 낙엽이나 기타 먼지가 쌓여 막혔을 경우에 대비하여 벽체에 구멍을 내는 것인데, 적절한 위치에 만든다면 겨울에 물이 집 안으로 흘러들어오는 것을 방지할 수 있다. 하지만 이것도 눈이 쌓여 막혀 얼어버리면 소용이 없다.

겨울에는 외부 수전의 물을 빼줘야 한다

외부 수전 중에 집 벽에 설치된 수전이나 2층 테라스에 설치된 수전은 겨울에는 반드시 물을 빼줘야 한다. 물은 얼기 시작하면 전도하는 탓에 수도꼭지가 얼면 계속 배관을 타고 들어가며 얼게 된다. 얼면서 팽창을 하면 연결부속에서 하자가 발생하기 쉽다. 만약 이를 제때 발견하지 못하면 지속적으로 집에 피해를 줄 수 있다. 그러므로 1층에 물을 뺄 수 있는 배수장치를 만들어서 겨울이 되기 전에 배관에 있는 모든 물을 빼주는 것이 좋다. 만약 배수장치를 만들 수 없다면 배관을 바닥에서 올리지 말고 2층 천장으로 올라갔다가 다시 내려오는 방식으로 설치하고, 2층 테라스 수도만 따로 배관을 해서 1층에서 잠가주고 2층에서 물을 틀면 2층 천장에서 수도꼭지까지의 물은 알아서 빠지기 때문에 동파의 위험이 없다.

수도배관을 위에서 아래로 설치하면, 겨울에 메인수도잠금장치를 잠그고 수도를 열면 배관에 있는 물이 빠져나간다.

2층 테라스의 수도는 1층에 사진과 같은 물 빠짐 장치를 만들어놓고 겨울에는 배관에서 물을 빼줘야 한다.

자식에게 물려주고 싶은 집, 어떻게 관리해야 할까?

조경까지 끝내고 입주했다. 이제부터 행복한 단독주택 생활을 시작해야 하는데 대부분의 사람들은 '아파트 생활에 익숙한 내가 이 집을 관리할 수 있을까?' 하는 걱정부터 앞서는 게 사실이다. 단독주택은 아파트와 달리 손이 많이 가고 관리를 잘해야 한다는 말을 익히 들어 알고 있기 때문이다. 물론 맞는 말이다. 단독주택에서 살려면 내가 알아서 모든 것을 해결해야 한다. 하지만 그만큼 집을 가꾸는 재미도 있다. 하다 보면 장비도 사고 싶고 리모델링도 군데군데 하고 싶어진다. 여기에서는 어떻게 하면 공들여 지은 집을 잘 관리해서 자식에게도 물려줄 수 있는 집으로 가꿀 수 있을지 그 방법을 알아보겠다.

외부 데크

단독주택에 사는 사람이라면 잘 알고 있는 상식 중 하나가 외부 데크에 오일스테인을 자주 칠해줘야 한다는 것이다. 나무는 자외선을 받으면 색이 변하면서 변형이 생긴다. 그러므로 오일스테인을 주기적으로 칠해주어야 데크가 오래간다. 하지만 일반적으로 가장 많이 사용하는 방부목은 오일스테인을 아무리 잘 칠해줘도 시간이 지나면 문제가 발생한다. 처음부터 방킬라이 같은 고급 데크재를 하든가 함수율이 낮아서 변형이 없는 제품을 쓰면 오래 관리할 수 있다. 물론 이런 제품도 오일스테인을 정기적으로 칠해주면 좋다. 필자는 1년에 한 번씩 칠해주는 것을 권한다.

생각보다 힘들 수도 있지만, 내 집은 내가 관리한다는 생각으로 날씨 좋은 가을에 쉬엄쉬엄 칠해보면 나름 재미가 붙을 것이다. 매년 가을 중 하루는 나무로 마감한 부분을 오일스테인으로 칠해주는 날로 정해보자.

데크는 진한 색으로 칠해주면 더 오래간다.

화장실

화장실은 타일로 마감한 뒤 타일과 타일 사이에는 줄눈시공을 하고 코너 부위에는 실리콘을 시공한다. 그런데 시간이 지날수록 줄눈이나 실리콘이 딱딱하게 굳으면서 떨어져나가기 마련이다. 물론 줄눈이나 실리콘이 방수 역할을 하는 것은 아니다. 타일 안쪽에 이미 방수가 되어 있기 때문에 줄눈이나 실리콘이 떨어져도 아무런 문제가 없어야 한다.

하지만 그 틈으로 물이 계속 들어간다면 시간이 지날수록 문제를 일으킬 가능성이 커진다. 줄눈이 떨어지면 대형마트에서 판매하는 줄눈용 실리콘으로 살짝 발라서 메워주면 좋다. (코킹을 쏘는 것이 어렵다면 줄눈용 실리콘으로 살짝 덮어줘도 효과적이다.) 특히 아파트에는 없는 화장실 창문이 단독주택에는 있는데 창턱 위에 물건을 올려놓거나 그 부분에 물이 고여 있으면 하자가 발생하기 쉽다. 여기에도 실리콘과 줄눈이 떨어지지 않게 꼼꼼하게 관리해주고 청소 후에는 화장실 창문 주변이 항상 건조한 상태를 유지하도록 잘 닦아줘야 한다.

사진처럼 코킹이 빠진 부분이 있으면 그 속으로 물이 침투하고, 침투한 물이 빠져나가지 못하면 안에서 썩는다. 코킹이 누락되면 조치해주어야 한다.

오수맨홀

외부 오수맨홀은 집에서 매일 사용하는 물과 화장실에서 사용하는 물 등이 지나가는 통로라 할 수 있다. 오수맨홀을 정기적으로 청소할 필요까지는 없지만 가끔 음식물 쓰레기나 휴지 등으로 인해 물 흐름이 좋지 않을 수도 있다. 혹시 집 안으로 냄새가 올라온다면 오수맨홀 뚜껑을 열어서 확인한 뒤 수도를 연결해서 물을 세게 틀어 한 10분 정도 흘려보내면 자동적으로 청소도 되고 냄새도 덜 올라온다.

오수맨홀에 호스를 넣어놓고 물을 틀어주면 된다.

요즘 많이 쓰이는 신형 맨홀은 플라스틱으로 시공돼서 청소가 용이하다.

세면대

세면대 하부에 보면 하수관이 막히는 것을 방지하기 위해서 트랩이 설치되어 있다. 요즘에는 I트랩을 많이 사용하는데 파란 부분을 살짝 돌려서 빼면 쉽게 빠진다. 안을 보면 머리카락 등 많은 이물질이 끼어 있을 것이다. 이런 이물질은 주기적으로 청소를 해줘야 역한 냄새가 올라오는 것도 막아주고 세면대 물도 잘 빠진다.

파란 부분을 돌려서 연 뒤 청소하면 된다.

지붕

지붕에 태양광이나 벽난로 시설을 설치했다면 여름이 되기 전에 올라가서 점검해주자. 지붕을 마무리한 뒤 설치하는 시설이 태양광이든 벽난로이든 간에 결론은 실리콘이 방수 역할을 하게 된다. 장마가 오기 전에 올라가서 코킹이 안 떨어졌는지 확인한 뒤 만약 떨어졌거나 떨어질 것 같다면, 다른 사람 눈에는 잘 안 보이는 공간이므로 모양새는 염두에 두지 말고 떨어진 부위에 실리콘을 쏜 뒤 납작한 국자 등으로 문질러주면 된다. 실리콘도 하다 보면 실력이 는다.

벽난로 지붕 타공 후 마감 시 실리콘으로 마감하는 경우가 많다. 눈에는 보이지 않지만 하부에 스테인리스 철판은 실리콘으로 붙여놓은 것이다.

보일러

보일러 연통은 대부분 1층에서 빠져나가도록 설계하는데 연통을 외부에서 잡아주는 것이 없다. 연통을 길게 뺀 경우 겨울에는 자칫 고드름이 생길 수도 있고 고드름 무게를 견디지 못해 떨어질 위험도 있다. 겨울철에는 연통에 고드름이 생기지 않았는지 자주 확인해주자. 또한 연소 시 발생하는 가스가 실내에 유입되지 않도록 설계 단계에서 위치를 잘 확인한 뒤 설치하자.

발코니 유가

2층에 외부 발코니가 있다면 발코니에서 물이 빠져나가는 유가 청소를 꼭 해줘야 한다. 여름에 비가 갑자기 많이 올 경우 유가 청소가 안 되어 있으면 물이 빠지는 속도보다 발코니에 담수되는 속도가 빨라서 발코니 창을 타고 집 안으로 물이 들어올 수 있다. 겨울에도 마찬가지이다. 겨울에 눈이 쌓인 뒤 청소를 제때 해주지 않으면 눈이 위에서부터 녹기 때문에 녹은 물이 빠져나갈 구멍이 없어서 창턱을 넘어 집 안으로 유입될 수 있다.

발코니에 주기적으로 침투성 방수액을 발라도 좋다.

안에 있는 유가트랩을 돌려 꺼낸 뒤 청소해주면 물이 잘 빠진다.

창호

창호 주변은 실리콘 처리가 되어 있는데 시간이 지나면서 실리콘이 딱딱해지거나 떨어진다. 벽돌과 창호가 만나는 곳 중 실리콘으로 처리한 부분을 확인한 뒤 떨어진 부분만 보수해주자.

외부 마감재

외부 마감재는 (나무 마감재일 경우) 오일스테인을 정기적으로 발라준다. 다른 마감재는 마감재에 따라서 관리 요령이 있다.

벽돌마감 주택은 2년에 한 번 정도는 발수제를 발라줘야 한다. 기초의 단 차이를 다르게 했다면 크게 문제가 되지 않지만 기초의 단 차이가 같다면 벽돌로 침투된 물이 흘러서 1층 바닥까지 내려와 집 안으로 흘러들어올 수도 있다. 더러 핏물이 나온다고 표현하는 사람들도 있다. 벽돌이 빨갛기 때문이다. 발수제를 주기적으로 발라주면 줄눈이나 벽돌로 물이 침투되는 걸 막을 수 있다. 줄눈 부분 중 떨어진 부분이 있다면 보수해주자.

돌 마감이 된 집이라면 돌에 금이 가 있지 않은지 확인하자. 돌은 무겁기 때문에 앙카볼트가 제대로 잡아주지 못하면 계속 처질 염려가 있고 그 하중은 하단부 돌에 영향을 준다. 돌에 금이 심하게 가 있다면 원인을 찾아서 보수해줘야 한다.

징크

요즘에는 징크를 많이 한다. 그런데 대부분 진짜 오리지널 징크는 거의 안 쓰고 컬러 강판에 코팅을 한 제품을 사용한다. 이 제품도 나쁜 제품은 아니지만 단점이 하나 있다. 종종 차량에 스크래치가 나는 것처럼 흠집이 생긴다는 점이다. 스크래치가 생기면 그 부분부터 녹이 슬기 시작한다. 징크에 스크래치가 나서 코팅이 벗겨졌다면 더 이상 녹이 번지지 않도록 페인트를 칠해줘야 한다.

외부 마감을 하고 시간이 지나면 벽체에 오염이 생긴다. 안 생길 수가 없다. 오염을 방지하는 기능이 있는 제품이 아닌 이상 오염이 생길 수밖에 없다. 그중 우리가 흔히 보는 오염 중 하나가 창문에 생기는 '눈물자국' 이라고 부르는 오염이다. 눈물자국은 창에서 흐른 물이 창턱에 쌓여 있던 지저분한 먼지와 함께 흘러내려서 생긴다. 즉 눈물자국은 비에 오염되는 것이 아니라 비가 먼지와 함께 흘러 생긴다. 청소를 할 때 창턱을 한 번씩 닦아주면 눈물자국을 방지할 수 있다.

징크는 손상이 안 가도록 잘 관리하는 것이 중요하다.

발코니턱의 경사를 안쪽이 낮아지도록 시공하면, 발코니턱에서 먼지와 함께 흘러내린 빗물로 인한 외부 오염을 막을 수 있다.

세라믹 사이딩

세라믹 사이딩의 경우 20년 동안 오염이 되지 않고 보존하는 기능을 가지고 있기 때문에 가격이 비싼 편이다. 단점이 있다면 약간의 굴곡이 있어 먼지가 쌓인다는 것. 비가 많이 오면 자동으로 씻겨 내려가지만 오랫동안 비가 오지 않거나 충분한 비가 내리지 않으면 때가 들러붙고 잘 닦이지 않는 경우도 있다. 이럴 때는 호스로 물을 전체적으로 한번 뿌려준 뒤 먼지를 털어주는 것이 좋다. 지저분하다고 느낄 때 한 번씩만 해줘도 충분하다.

진한 색깔의 세라믹 사이딩은 오염이 돼도 육안으로 거의 확인이 안 된다.

시멘트 사이딩

일반 시멘트 사이딩의 경우 도장을 많이 한다. 이 도장은 자외선을 많이 받으면 색이 바래기 때문에 보기에도 안 좋고 시멘트 사이딩의 기능을 유지하는 데도 안 좋은 영향을 끼친다. 5년에 한 번 정도 도장을 다시 해주면 항상 새집 같은 느낌이 들고 보기에도 좋다. 도장을 할 때는 스카이 차량을 부르면 되는데 하루 임대료가 20만 원 정도 하므로 모든 장비를 세팅한 뒤 부르고, 가능하면 하루 안에 끝내는 것이 좋다.

스터코

가장 많이 하는 외단열인 스터코는 눈물자국을 가장 조심해야 한다. 창턱 주위는 항상 깨끗하게 유지하고, 시간이 많이 흘러서 오염이 되었다면 같은 색을 칠해주면 다시 깨끗해진다. 이를 탑코팅이라고 한다.

안타깝지만 AS는 사실 회사가 없어지면 끝이다. 큰 규모의 회사가 아닌 이상 완벽하게 보증을 받기는 어렵다. 그래서 꼼꼼한 시공이 제일 중요하다. 물론 사람이 하는 일이라 하자가 절대 발생하지 않게 시공한다는 것은 거짓말이다. 우리나라에서 제일 큰 회사에서 지은 아파트도 하자가 어마어마하다. 완벽하게 보증을 받기 어렵더라도 계약서에는 정확하게 명시해두자. AS 기간은 통상적으로 일반 마감재는 1년, 전기, 설비 관련은 2년, 방수는 3년, 구조는 5년 정도를 두므로 계약 시 하자보수기간을 명확하게 확인하자.

셀프 집 짓기!
공정별 · 상황별 체크리스트

+ 설계
+ 기초공사
+ 구조공사
+ 전기 및 설비공사
+ 단열공사
+ 내외부 마감공사
+ 등기구 및 위생기구공사
+ 기타 부대공사

내 집을 내 손으로 직접 지어보겠다고 마음먹은 건축주가 알고 있어야 할 공정별 지식, 체크해야 할 사항들을 알아보겠다!

다음의 정보들은 전문가에게 집 짓기를 의뢰했을 때도 알고 있으면 매우 유용하다.

얼마 전 TV 프로그램 중 '혼자 집 짓기'에 대한 다큐가 있었다. 사실 전문가에게 의뢰하지 않고 집을 짓는다는 건 결코 쉬운 일이 아니다. 직접 집을 짓기 위해서는 생업을 포기해야 하고, 만약 건축에 대해 문외한이라면 수년간 건축 공부를 하고 기본적인 현장경험을 쌓아야 가능한 일이기 때문이다. 그만큼 내가 직접 집을 짓는다는 것은 아무나 시도할 수 있는 일이 아니다.

대부분의 사람들이 집을 지을 때 쉽게 생각할 수 있는 방법은 나와 잘 맞는 전문가를 만나 집 짓기를 의뢰하는 것이다. 물론 이 방법도 쉽지는 않다. 최소한 현장소장의 인건비 정도는 줘야 하고 소통이 잘되는 회사라면 상관없지만 그렇지 않다면 내가 의도치 않았던 방식으로 집이 지어질 수도 있다. 여기에 당부하고 싶은 또 한 가지는 바로 비용이다. 리모델링이라면 모를까, 평생 또는 적어도 10년 이상 살게 될 집을 1억 원 미만의 지나치게 적은 돈으로 짓겠다는 생각은 버려야 한다. 1억 원에 집을 다 지으려면 싱글인 가구가 살 수 있을 정도의 아주 작은 집이거나 기본적인 단열 등의 성능과 기능을 기대할 수 없는 집이 되기 십상이다.
내가 미리 공부하고 발품을 판 만큼 예산을 최소화할 수 있고, 가격 대비 기능이 좋은 효율적인 집을 지을 수도 있다.

여기에서는 내 집을 내 손으로 직접 지어보겠다고 마음먹은 건축주가 알고 있어야 할 공정별 지식, 체크해야 할 사항들을 알아보겠다! 아래 소개되는 체크리스트들을 잘 확인하고 좋은 팀을 찾아서 공사를 한다면, 시간적 여유가 있다는 전제하에 셀프 집 짓기도 시도해볼 수 있다. 다음의 정보들은 전문가에게 집 짓기를 의뢰했을 때도 알고 있으면 매우 유용하다.

설계
거실과 주방을 어떻게 배치할 것인가

먼저 설계를 해야 한다. 대부분 내가 살고 싶은 집을 방안지에 직접 이렇게 저렇게 그려보기도 한다. 하지만 건축허가를 받거나 신고를 할 때는 건축사를 통해서 진행해야 한다. 내가 직접 할 수가 없다. 기본적인 평면에 대한 설계를 해보고 자신이 그린 그림을 집을 짓고자 하는 지역의 시청 앞에 있는 건축사사무실을 찾아가서 보여준 뒤 이렇게 집을 짓고자 하니 허가를 진행해달라고 요청하면 된다. 작은 평수의 도면은 인터넷에도 많이 있기 때문에 참고해서 그린다면 충분히 그림으로 그려볼 수 있다.
(작은 평수의 경우 한정된 면적에 그려야 하므로 다양한 구조를 만들 수도 없다.)
가장 대중적인 도면에 충실하게 설계를 해도 살아가는 데 아쉬움은 없을 것이다.

도면을 들고 찾아가면 건축사사무실에서 비용을 요구하는데 보통 신고는 100~200만 원, 허가는 300~400만 원 정도이다. 이 정도는 합리적인 비용이라 할 수 있다. 어차피 건축사사무실을 통해서 허가를 진행해야 하니까 몇 군데 돌아보고 맘에 드는 건축사와 진행하면 된다. 협의가 끝나고 사무실에서 허가를 신청하면 7~15일 정도면 허가가 떨어진다. 그러면 착공계를 제출하고 공사를 시작하면 된다.
건축허가가 나오면 허가증을 가지고 전기업체에 가설전기를 신청해야 한다. 가설전기란 공사 시 필요한 전기를 사용하기 위해서 가설로 전기를 끌어오는 건데, 주변에 집이 있다면 빌려 써도 된다. 한 달에 몇만 원 드리고 빌려 쓰는 것이 더 저렴하게 사용할 수 있는 방법이다. 상수도가 없다면 지자체 수도시설업체에 상수도를 신청해야 하고 전봇대가 집의 출입을 방해하거나 내 땅 위에 세워져 있다면 한전에 이전신청도 할 수 있다. 건축허가서가 나오는 순간 모든 민원을 시작할 수 있다. 준비가 완료되었다면 공사를 시작하자.

다양한 도면으로 보는 설계 기초정보

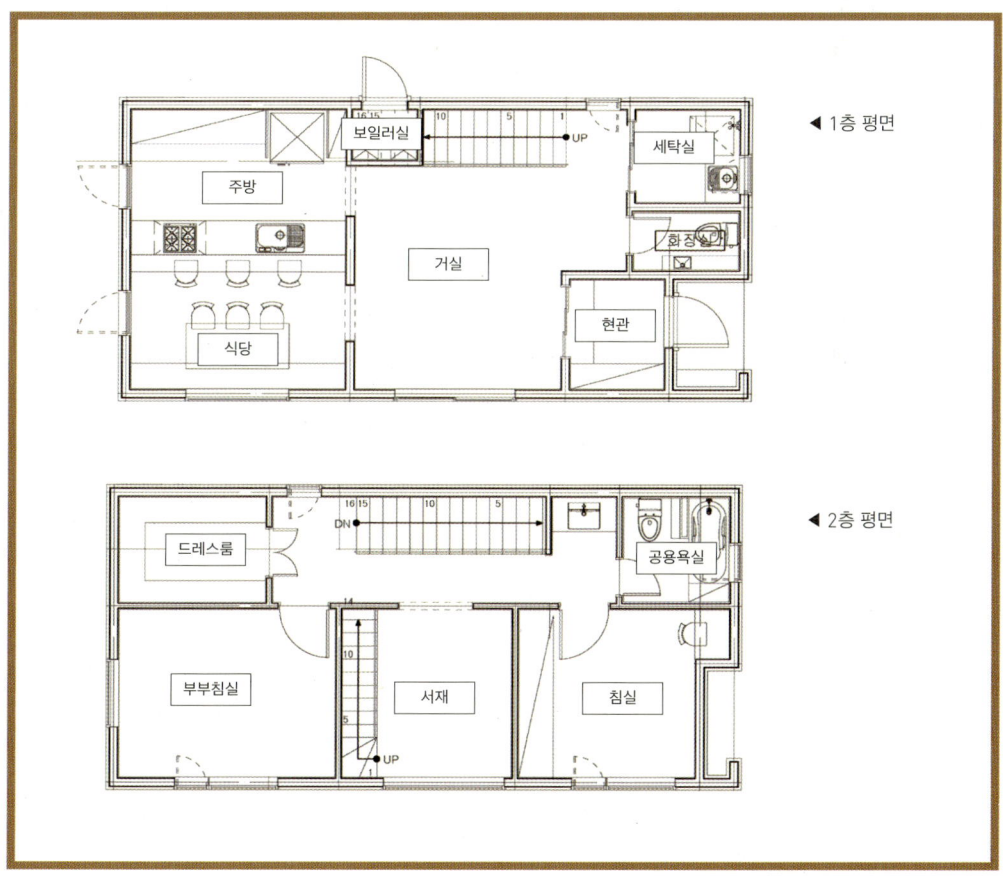

다양한 도면으로 보는 설계 기초정보

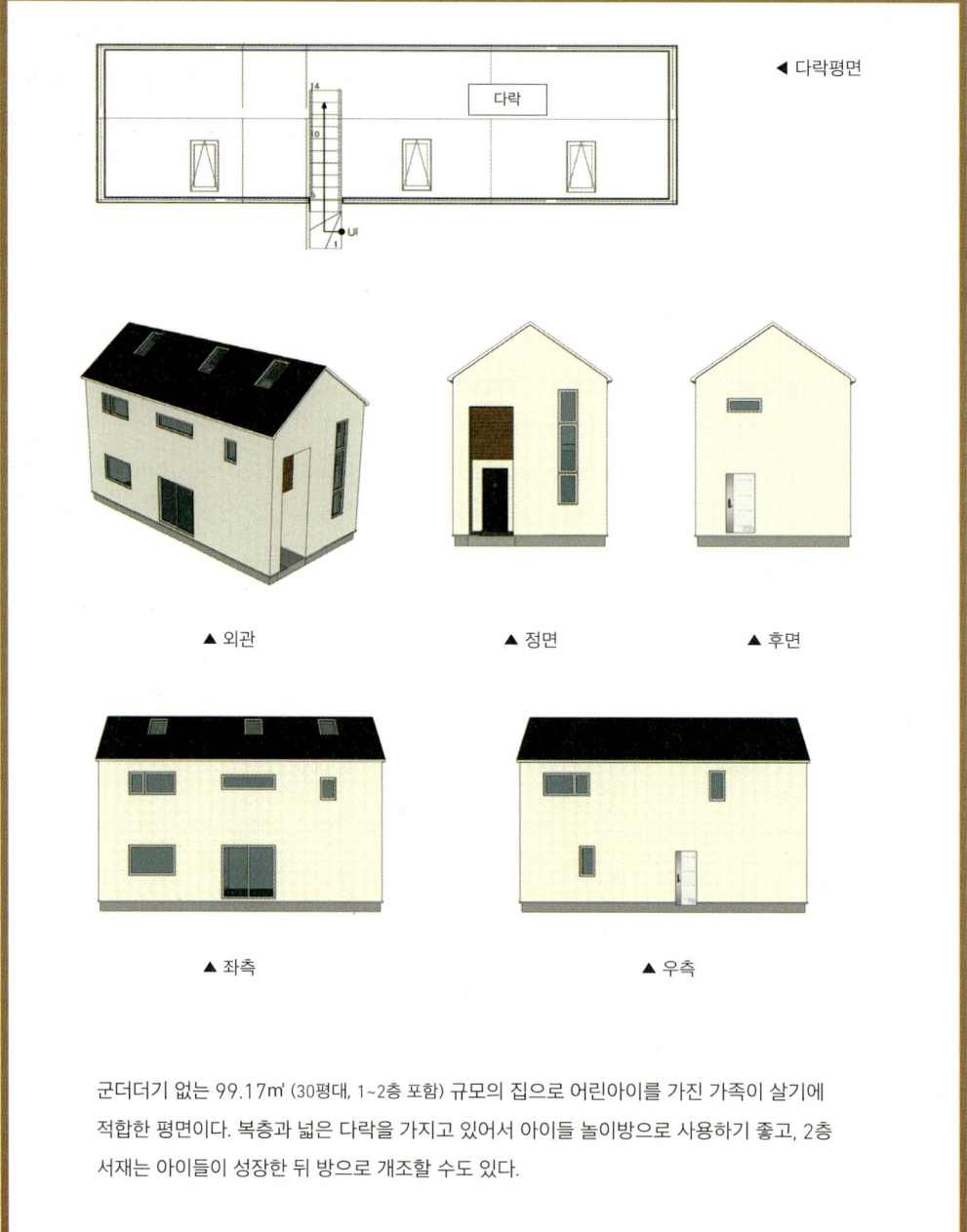

◀ 다락평면

▲ 외관   ▲ 정면   ▲ 후면

▲ 좌측   ▲ 우측

군더더기 없는 99.17㎡ (30평대, 1~2층 포함) 규모의 집으로 어린아이를 가진 가족이 살기에 적합한 평면이다. 복층과 넓은 다락을 가지고 있어서 아이들 놀이방으로 사용하기 좋고, 2층 서재는 아이들이 성장한 뒤 방으로 개조할 수도 있다.

▼ 공사예상가

1	가설 및 비계공사	7,480,000
2	토공사 및 기초공사	11,200,000
3	골조공사	25,400,000
4	창호공사	18,866,000
5	외장공사	8,275,000
6	지붕공사	7,040,000
7	단열공사 및 석고공사	12,915,500
8	미장 및 방수공사	3,668,000
9	전기공사	8,110,000
10	설비공사	10,180,000
11	내장공사	23,420,000

1층 54.81㎡(16.58평), 2층 54.81㎡(16.58평), 다락 31.07㎡(9.4평) 기준의 집을 지을 때 드는 공사 예상가이다. 비용은 마감재를 조정하면 줄어들 수 있다. 하지만 전체 비용을 내리고 싶다면 설계를 조정해야 한다.

▼ 거실과 주방의 배치

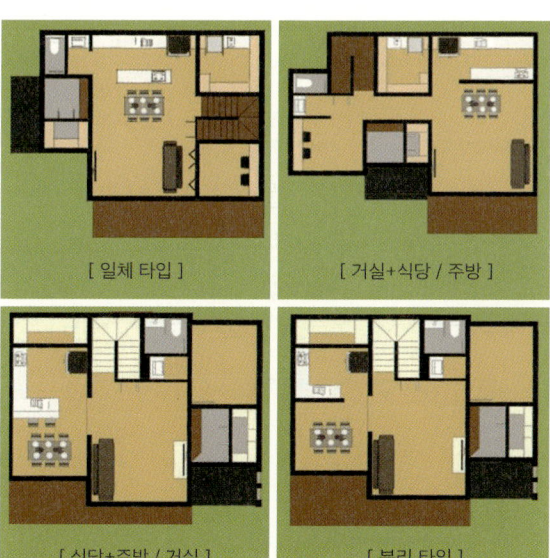

[일체 타입]　[거실+식당 / 주방]
[식당+주방 / 거실]　[분리 타입]

거실과 주방 배치를 어떻게 하느냐에 따라서 1층의 평면이 많이 바뀐다. 패턴별로 어떤 구조로 지을지 정한 뒤 설계하는 것이 좋다.

[**일체 타입**] 거실, 주방, 식당 모든 공간이 연결.

[**거실+식당 / 주방**] 거실과 식당이 함께 있고, 주방만 분리.

[**식당+주방 / 거실**] 주방과 식당이 함께 있고, 거실만 분리.

[**분리 타입**] 거실, 주방, 식당 모든 공간이 분리.

다양한 도면으로 보는 설계 기초정보

▼ 주방의 구조

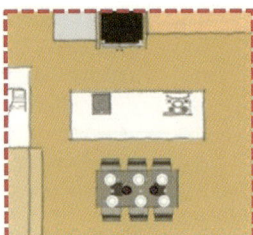
[오픈형]

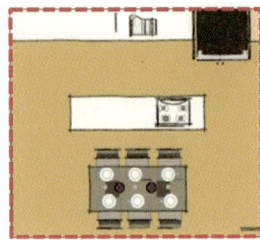
[아일랜드 타입] 일(一)자형

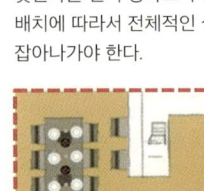
[L형]

주방가구 디자인에 따라서 거실의 설계도 달라진다. 주방에서 생활할 일이 많다면 주방을 어떻게 배치할 것인가를 먼저 정하고 주방 배치에 따라서 전체적인 설계를 잡아나가야 한다.

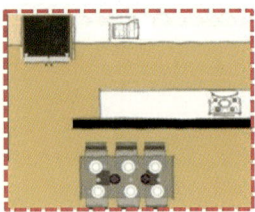
[독립형]

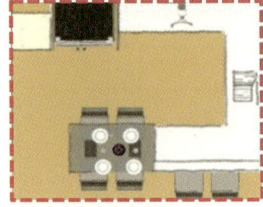
[아일랜드 타입] ㄷ자형

[I형]

▼ 욕실의 구조

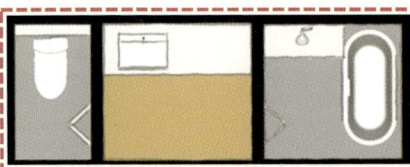
[일본형] 세면과 탈의실 겸용

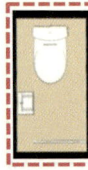
[독립형]
변기만

욕실을 몇 개 배치할 것인지, 화장실을 몇 개 만들 것인지도 전체 면적을 분배하는 데 중요하다. 전부 분리하는 것이 편하기는 하지만 가장 효율적인 면적 분배는 아파트처럼 합치는 것이다. 외부생활이 많은 주택 생활을 감안했을 때 세면대만 밖에 설치해도 좋다.

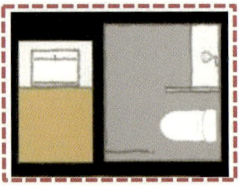
[분리형] 세면대 분리

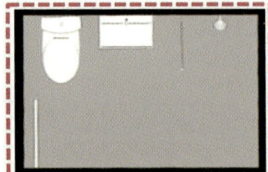
[통합형]

▼ 그 외 다양한 구조의 설계도면

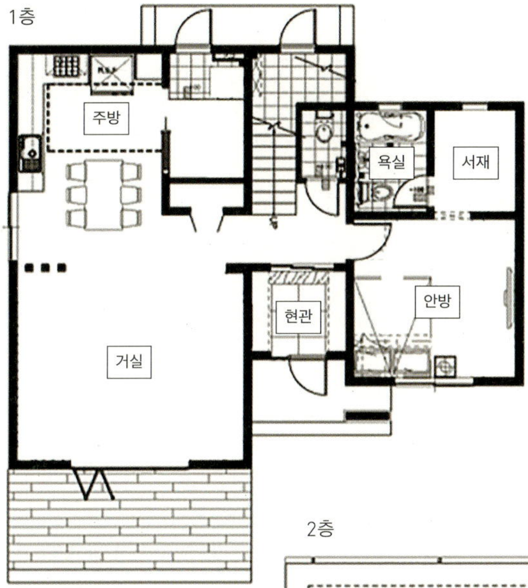

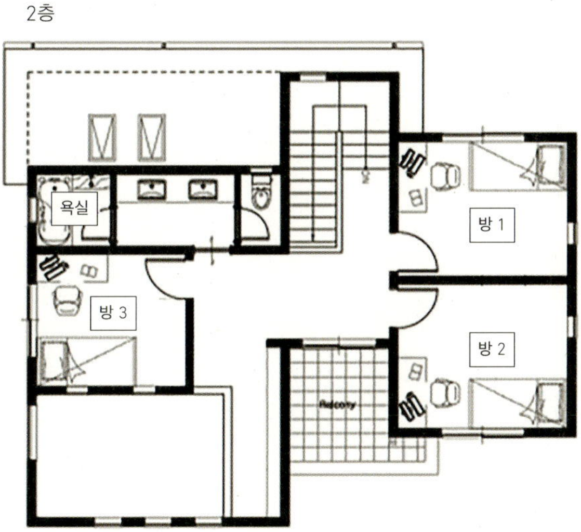

1층

주방
욕실
서재
현관
안방
거실

2층

욕실
방 1
방 3
방 2

5인 가족이 살기에 적합한 평면이다. 1층에 안방을 두고 2층에 방 3개를 만든 구조이다. 아이들이 큰 뒤에도 정착해서 살 생각이라면 처음부터 아이들의 방을 만들어주는 것이 좋다.

다양한 도면으로 보는 설계 기초정보

1층

2층

▲ 1층에는 서재와 거실 주방이 있고 모든 침실은 2층으로 배치된 구조이다. 4인 가족이 살기에 적합하고 추후 매매를 생각했을 때도 가장 대중적인 평면설계이다. 1층 서재는 부모님 방으로도 사용이 가능하다.

1층

2층

▲ 1층을 넓게 보이도록 설계하고 2층에 방을 3개 만들고 드레스룸을 공용으로 한 것이 특징이다. 요즘은 드레스룸을 가족 전체가 함께 사용하는 설계도 많이 한다. 엄마의 빨래동선도 줄여주고 넓은 드레스룸을 가질 수 있는 것이 장점이다.

다양한 도면으로 보는 설계 기초정보

1층

2층

◀ 확장이 가능한 사랑방이 1층에 있고, 2층에는 공용드레스룸과 욕실 등을 한군데로 몰아서 동선을 줄였다. 2층에도 작은 가족실이 있기 때문에 알파룸처럼 사용할 수 있다.

1층

2층

▲ 거실을 넓어 보이게 하는 설계이다. 1층에 사랑방이자 게스트룸이 있고 나머지는 주방과 거실이 하나가 되도록 함으로써 좁은 평수의 거실을 넓어 보이게 한다. 2층에는 가족들만의 가족실을 만들어서 대화도 나누고 함께 책을 보는 공간으로 활용한다. 방으로도 활용할 수 있다.

다양한 도면으로 보는 설계 기초정보

▲ 실내주차장을 만들어서 주차장으로도 활용하고, 다른 용도로도 사용한다. 즉 공방으로 사용하거나 비 오는 날에 바깥에서 해야 하는 작업을 할 때 활용할 수도 있다.

▲ 스킵플로어 형태의 설계이다. 1층에 부모님을 모셔야 할 경우에 적합한 설계이다. 반층을 활용해서 공간을 효율적으로 사용하고 0.5층이 주차장, 1층이 거실 겸 부모님방, 1.5층이 거실 2층이 부부와 자녀방, 2.5층이 다락이 되는 구조이다.

▲ 거의 1층만 사용하고 자녀들이 가끔 올 경우에 2층을 개방하는 구조이다. 모든 것이 1층에서 이루어지고 2층은 자녀들이 올 때 주로 사용하는 설계이다. 넓은 테라스는 실내운동을 하거나 티하우스로 사용할 수 있다.

기초공사
기초는 동결선보다 아래에

콘크리트 구조든 벽돌집이든 상관없이 바닥기초는 콘크리트로 해야 한다. 대부분 주택의 바닥기초는 매트mat기초를 하는데 통기초라고도 한다. 통기초는 비용도 절감되고 공사하는 기간도 단축되는 장점이 있지만 통상적으로 말하는 동결선을 지킬 수가 없다. 동결선은 바닥이 어는 정도를 말하는데 북쪽일수록 더 깊어진다. 기초를 했는데 동결선 위에 있다면 땅이 얼었다 녹았다를 반복하면서 기초가 움직일 수 있다. 그래서 기초는 줄기초 또는 매트기초를 하되 동결선보다 아래에서 (땅이 얼지 않는 깊이까지 내려가서) 시공해야 한다. 이 동결선을 지키지 않으면 집의 기초에 악영향을 미치는 것은 물론 수도관이 얼어 터지기도 한다.

경량 목구조 특성상 두꺼운 철근까지 사용할 필요는 없다. HD10~13mm 철근을 사용해도 문제없이 시공할 수 있다. 예를 들어 1층 바닥면적이 49.5㎡(15평)인 2층 복층 집을 짓는다고 치자. 이때 기초 콘크리트 공사를 해주는 업체를 찾기란 쉽지 않다. 인터넷을 아무리 검색해도 49.5㎡(15평) 작은 집의 기초 콘크리트 공사를 해주는 업체는 찾기 어렵다. 이럴 때는 주변의 인력사무소를 찾아가거나 컨테이너 사무실을 갖다 놓고 '전원주택, 조립식주택'이라고 내걸고 광고를 하는 동네 업체를 찾아가서 문의하는 것이 좋다. '공사를 제대로 잘해줄까?' 하는 걱정도 되겠지만 사실 기초 콘크리트는 시공을 깔끔하게 잘하느냐, 못하느냐의 차이이지 자재는 똑같기 때문에 구조적으로 큰 문제는 발생하지 않는다. 실제 기초를 직접

하는 경우도 많다. 몇 가지 공정을 묶어서 하청을 주는 것도 괜찮다. 단, 일당으로 진행하면 건축주가 손해를 볼 수도 있다. 자재비를 대주거나 ㎡당 얼마(평당 얼마)로 계약하자. 통상적으로 철근과 레미콘은 내가 대주고 자재와 인건비를 이야기하면 평당 40만 원 정도를 이야기한다. 자재비와 인건비를 합치면 천만 원 이하에 기초공사를 끝낼 수 있다. 주의할 점은 전기와 설비공사가 같이 진행되어야 한다는 것이다. 전기와 설비는 공사가 끝날 때까지 가장 자주 보고 자주 연락을 취해야 하는 팀이다. 주변에서 전기공사업체와 설비업체를 구해서 꾸준히 연락하며 좋은 관계를 유지하자.

사진으로 보는 기초공사 기초정보

▲ 줄기초로 작업을 하면 땅 깊숙이 들어갈 수 있기 때문에 동결선을 지킬 수 있고 단열재 시공을 기밀하게 할 수 있다.

사진으로 보는 기초공사 기초정보

▲ 미리 모든 배관을 뽑아놔야 공사를 하면서 벽체를 철거하거나 나무를 타공해서 연결하는 번거로움을 줄일 수 있다.

[TIP] 기초공사 알아보기

매트기초 작은 평수에 많이 하는 공법으로 집 전체 사이즈에 맞게 바닥 전체를 기초하는 방법이다. 하지만 높이가 높아지면 공사비가 높아지기 때문에 대부분 바닥에서 10cm 정도 터파기를 하고 기초를 치는 일이 많아서 동결선을 지키기 어렵다.

줄기초 집 전체 외부와 내부에 줄처럼 기초를 하는 방식이다. 가로가 30cm 정도 되도록 줄처럼 집 전체를 둘러서 시공을 하고 그 위에 높이 30cm 정도의 1층 바닥 콘크리트를 시공하는 방식이다. 작업량도 많고 공사기간도 늘어나지만 땅에서 1미터 이상 들어가서 시공하기 때문에 동결선도 지킬 수 있고 지반이 약할 경우에도 효과적이다.

구조공사
부재 사이즈를 정확하게 지키고 있는가

구조공사는 많이 선택하는 목구조를 기준으로 설명하겠다. 기초공사가 끝나면 목구조공사가 진행된다. 목구조는 구조를 정확하게 이해한 상태에서 도면이 나왔다면 상관없지만 대부분 정확하게 이해하지 못한 상황에서 나오는 경우가 많다. 그러므로 목수가 정해지면 목수하고 의견을 다시 한 번 조율해서 자재를 발주해야 한다.

자재는 경기도 광주 쪽에 거의 모든 자재업체가 위치해 있고 그곳이 가장 저렴하다. 자재를 구입할 때는 사업을 위해 자재를 사는 것인 양 말하면 더 좋다. 한번 짓고 말 건축주라는 분위기가 풍기면 아무래도 단가 면에서 불리할 수 있기 때문이다. 목수가 물량을 뽑아주면 여러 업체에 견적을 받아보고 제일 저렴한 업체를 고르면 된다. 사실 목재는 거의 100% 수입한다고 보면 된다. 그러므로 싸다고 나무의 질이 현저히 떨어질 확률은 낮다. 나무는 대부분 캐나다 등지에서 포장되어서 들어오기 때문에 어느 업체 나무가 더 좋다고 판단할 수 없다. 시간이 된다면 직접 가서 자재를 확인하고, 나무를 받아보고 나서도 불량제품에 대해서는 반품을 할 수 있다. 자재야 여기저기 알아본 뒤 직접 구입할 수 있지만, 사실 실력 있는 목수를 구하는 것이 가장 어렵다.

가장 좋은 방법은 단독주택을 많이 짓는 동네에 가서 목구조를 하고 있는 현장을 찾아가 직접 의뢰하는 것이다. LH에서 분양하는 택지지구를 가보면 집을 많이 짓고 있다. 택지지구에서 집을 많이 짓는 회사는 일단 타

회사보다 좋은 회사일 확률이 높다. 택지지구에서 집을 짓는 건축주들은 젊은 층이 많아서 공부를 많이 하고 검색도 많이 해본 뒤 회사를 결정한다. 이렇게 심사숙고해서 선정한 회사에 소속된 협력업체이니 검증된 업체일 확률이 높은 것이다. 물론 동네 주변 업체보다 좀 비쌀 수는 있지만 실력은 검증되었다고 볼 수 있다. 지을 집이 작으면 먼저 난색을 표할 수도 있다. 일이 많은 사람들이기 때문이다. 그래도 몇 번씩 찾아가서 부탁한다면 자신들의 기술력을 인정해주었다는 것만으로도 자부심을 갖고 부탁을 들어줄 것이다.

집을 짓다 보면 타인에게 사정해야 할 일도, 부탁해야 할 일도 많다. 부탁하는 걸 창피해할 필요도 없고, 내 돈 주고 일을 의뢰하는 거라고 해서 어설프게 갑처럼 행동해서도 안 된다.

목구조 시공 시 가장 주의할 것은 외부 테두리는 2×6인치로 진행하고 2층 바닥장선은 2×12인치로 공사해야 한다는 점이다. 여기서 숫자는 구조재의 두께를 의미한다. 외부에 접하는 부위는 하중도 견뎌야 하지만 단열재를 두껍게 넣어야 하기 때문에 2×6인치로 진행한다. 2층 바닥장선은 2층 바닥에 몰탈을 치고 난방을 해야 하므로 두꺼운 부재를 사용해야 한다. 이외 다양한 이유로 목구조 시공 시 구조재의 두께는 꼭 준수하는 것이 좋다.

집을 지을 때는 중간중간 부재 사이즈를 정확하게 지키면서 진행하고 있는지 기초 콘크리트와 나무가 만나는 토대부위의 연결이 빈틈없이, 튼튼하게 고정되어 있는지 등을 확인해주어야 한다. 목구조가 마무리될 때쯤 현장에 가서 이것저것 확인해서 수정하자. 일이 끝나고 현장에서 철수를 하면 다시 부르기가 어려우니 있을 때 웬만한 것을 전부 진행하는 것이 좋다. 목수의 인건비는 하루에 대략 18~25만 원까지 목수의 실력에 따라서 편차가 있다.

내 집을 지어줄 좋은 팀을 찾기 위해서는 발품을 많이 팔아야 한다. 물론 인터넷에서 검색해서 알아보는 방법도 있다. 요즘은 일하는 팀의 구성원이 젊어지면서 블로그나 카페를 운영하면서 영업을 한다. 원하는 키워드로 검색을 하면 많은 업체가 뜬다. 아예 그런 업체를 모아놓고 비교, 견적까지 해주는 사이트도 있다. 이 업체들 중에 골라서 의뢰를 해도 된다.
이런 구조공사는 공부를 한다고 해도 부족할 수밖에 없다. 주변에 알고 지내는 전문가나 설계를 해준 건축사에게 부탁해서 현장 검증을 제대로 받아보는 것이 좋다. 구조는 콘크리트든 조립식이든 한번 마감재로 덮어버리면 확인하기도 어렵고 문제를 수정하기도 어렵다. 그러므로 마감하기 전에 꼭 확인해야 한다. 목조건축협회(www.kwca.co.kr)에 문의하면 도와주기도 하고 비용을 지불하고 감리도 받을 수 있다.

사진으로 보는 구조공사 기초정보

▼ 나무 부재 사이즈 설명.

수종	등급	규격		길이	용도	특징
		공칭치수(inch)	실제치수(mm)			
S.P.F Hem-Fir	2&BTR (2등급 & better, 2등급 혹은 그보다 좋은 품질)	2 × 4	38 × 89	2.4 ~ 6m (8' ~ 20')	스터드/깔도리 (외부 테두리)	4면 대패 -KD(MC19%) 북미산
		2 × 6	38 × 140			
		2 × 8	38 × 184	3.6 ~ 6m (8' ~ 20')	장선/헤더/ 서까래	
		2 × 10	38 × 235			
		2 × 12	38 × 285			

사진으로 보는 구조공사 기초정보

▲ 기초와 목재는 빈틈없이 기밀하게 시공되어야 한다.

▲ 목구조는 비가 장기간 올 때는 비를 맞지 않도록 덮어준다.

▲ 창문상부에 헤더를 반드시 시공하고 2×12인치로 2층 바닥장선을 시공한다.

사진으로 보는 구조공사 기초정보

▲ 받는 하중이 많다고 판단되면 패러램과 같은 공학목재로 보강을 해주어야 한다.

▲ 구조상 맞닿는 부위는 철물을 사용해서 보강해준다.

▲ 기둥 시공 시에 벽체가 너무 길면 중간에서 잡아주어야 한다.
▶ 모든 집의 기본은 수직과 수평을 맞추는 일이다.

[TIP] 콘크리트, 목구조, 철골 무엇으로 해야 할까?

구조별 장단점	장점	단점
철근콘크리트	강도가 높다. 옥상이나 2층에 넓은 테라스를 원한다면 가장 안정적인 구조이다.	가격이 비싸고 목구조에 비해서 단열성능이 떨어진다.
목구조	가격이 비교적 저렴하다. 다양한 실내디자인을 구현하는 데 좋고 다락방도 다양하게 만들 수 있다.	2층 방수부위가 넓다면 방수를 아무리 잘해도 취약할 수 있다.
경량철골	짧은 시간 내에 집을 지을 수 있다. 가격도 제일 저렴하다.	단열성능이 가장 떨어지고 기밀성이 떨어지기 때문에 결로 등이 발생할 여지가 크다.

[TIP] 목구조 진행 시 체크리스트

☐ 기초 나무 토대가 콘크리트 기초와 일정하게 접하고 있는지 확인하자.

☐ 벽체 2×6인치, 바닥장선 2×12인치 부재로 시공되고 있는지 확인하자.

☐ 창문 위 보강(헤더라고 한다)이 제대로 되어 있는지 확인하자.
(헤더는 창문 위에 가해지는 하중을 지탱해주고, 창호 프레임이 휘는 걸 방지해준다.)

☐ 환기를 위한 통로가 제대로 만들어져 있는지 확인하자.

☐ 지붕 방수시트가 아래부터 겹겹이 시공되어 있는지 확인하자.

☐ 외부 하우스 랩이 겹쳐서 잘 시공되어 있는지 확인하자. 하우스 랩은 목재 합판을 보호하기 위해서 집을 랩처럼 둘러싸주는 제품을 말한다. 방습지라고 부르기도 한다. 타이벡이라고도 하는데 이것 또한 제품명이다.

전기 및 설비공사
시공부터 집 지은 뒤까지 계속되는 공정

전기 및 설비공사는 사람으로 치면 핏줄과 소화기관 같은 곳이다. 지으면서도 주의해야 하지만 완공하고 나서도 관리가 필요하다. 전기 설비는 가능하다면 동네에 있는 업체를 부르는 것이 좋다. 그래야 살면서 문제가 생길 때마다 수시로 물어보고 관리도 쉽게 받을 수 있다. 읍내나 시내를 나가보면 집수리를 전문으로 해주는 가게가 꼭 있기 마련이다. 그런 곳에 가서 문의하거나 주변에 공사를 하는 곳을 찾아가서 소개를 받는 것도 방법이다.

전기와 설비는 거의 하나의 팀이다. 대부분 같은 시기에 들어와서 작업을 하기 때문이다. 기초 콘크리트 공사를 할 때 같이 들어오고 목구조가 완료되었을 때도 들어오고 마감이 완료된 다음에 콘센트와 전등, 위생기구를 시공할 때도 들어와야 한다. 이처럼 전기 및 설비공사는 한 번 하고 끝나는 일이 아니라 처음부터 끝까지 봐야 하는 공정이다. 그래서 가능한 한 친하게 지내는 것이 좋다.

전기 배선을 할 때는 최대한 많이 뽑아두면 편리하다. 목구조가 완성되었을 때 내가 필요로 하는 콘센트의 위치를 빨간색으로 체크하여 알려주고 스피커선이나 인터넷을 연결할 곳도 미리 확인해서 알려주어야 한다. 미리 알려주지 않으면 대개 방에 하나씩만 설치해놓는다. 나중에 추가로 설치하려면 일도 많아지고 멀티탭 선이 지저분하게 오가야 하므로 미리미리 체크해두었다가 알려주는 것이 좋다. 이렇듯 전기 작업은 많은 대화를 나눠야 하는 공정이다.

설비는 배관의 규격이 중요하다. 위생기구는 100mm배관을 쓰고 세면대, 주방은 75mm를 쓰면 좋다. 사실 PVC 배관의 가격은 그리 비싸지 않다. 집 짓는 데 들어가는 자재 값을 다 합쳐봐야 비용은 100만 원도 들지 않는다. 그러니 아끼지 말고 쓰자. 수도는 온수와 냉수를 분리해주자. 즉 배관을 이어서 쓰는 것이 아니라 분배기에서 바로 이어서 설치해주는 것이 좋다. 그래야 나중에 문제가 생겨도 교체가 용이하다. 연결해서 사용하면 시간이 흐른 뒤 연결 브래킷에 문제가 발생해 누수가 생길 경우, 그 누수가 아주 미세하다면 눈치채지 못하고 그냥 지나치게 된다. 그러므로 처음부터 연결하지 않고 공사할 것을 권한다.

전기도 검정 절연테이프로 중간에서 연결하는 것은 절대 하지 말아야 한다. 바닥 난방 배관공사도 몰탈에 묻히기 때문에 누수가 발생하면 확인이 어렵다. 난방배관도 분배기에서 출발해서 도착할 때까지 연결 브래킷으로 이어서 쓰는 건 좋지 않다. 난방배관은 특히 뜨거운 물이 지나가는 배관이기 때문에 연결 브래킷이 하자를 일으킬 확률이 매우 높다. 절대 이어서 쓰면 안 된다. 참고로 전기 공사비는 ㎡당(평당) 10~15만 원 정도, 설비는 13~15만 원 정도 한다. 보일러는 가격 차이가 크지 않다. 무조건 제일 좋은 제품을 사용하자.

사진으로 보는 전기 및 설비공사 기초정보

▲ 모든 수도는 분배기를 통해서 분리해주어야 한다.

▶ 미리 예상해서 배관을 시공해놓아야 한다. TV와 연결되는 셋톱박스 선이 지나갈 곳을 미리 만들어놓으면 아주 깨끗한 벽면을 유지할 수 있다.

▼ 미리 만들어놓은 배관으로 배선해서 TV를 깔끔하게 설치할 수 있었다.

사진으로 보는 전기 및 설비공사 기초정보

▶ 찬물이 지나가고 공기가 따뜻하면 결로가 생긴다. 모든 배관은 단열재 시공을 해주어야 한다.

▼ 모든 수도관과 하수배관에 단열재를 시공하였다. 소음을 줄여주고 결로를 예방한다.

◀ 스피커선은 미리 예상지점에 뽑아놓으면 나중에 노출시킬 필요가 없다.

▶ 요즘에는 USB단자를 많이 쓰므로 콘센트 대신 이런 단자를 침대 옆에 만들어놓으면 좀 더 효율적으로 사용할 수 있다. 모든 아이템은 미리미리 생각하고 고민해두자.

단열공사
창호는 브랜드보다 유리의 두께가 생명

단열은 외부에 한 번 내부에 한 번 해주는 것이 제일 좋다. 콘크리트 주택의 경우에는 내부에 롤단열재를 시공해주고 석고보드 작업을 하고 그 위에 벽지를 바른다. 이때 무엇보다 중요한 것은 꼼꼼한 시공이다. 내부 단열재 공사는 시공하고 바로 덮어버리면 확인할 수가 없다. 그래서 마감하기 전에 꼭 점검해야 한다. 빈틈없이 시공이 되었는지 겹쳐서 잘 시공했는지 확인해야 한다.

목조주택의 경우 글라스울이라는 단열재를 목구조 사이에 껴 넣게 되는데 이때 주의할 점이 있다. 구조재 2×6인치의 경우 벽체 두께가 14cm다. 보통 글라스울 단열재 중에 R19 또는 R21 단열재를 시공하는데 이 단열재가 팽창했을 때 14cm가 되도록 쫙 펴서 시공을 해야 한다. 그렇지 않고 그냥 밀어 넣고 고정해버리면 이 단열재의 성능이 100% 발휘되지 못한다. 두께에 맞춰서 팽창을 시켜주고 처지지 않도록 코너에서 고정해줘야 한다.

외부단열은 EPS 단열재, 통상적으로 스티로폼이라는 단열재를 시공한다. 단열재 시공은 기밀과 밀착시공이 중요하다. 그래서 고정을 시킬 때는 '화스너'라는 자재로 확실하게 고정을 하고 빈틈은 우레탄 폼으로 꼼꼼하게 막아주어야 한다. 지붕은 이중단열이 필수이다. 시공을 하면서 찢어진 부분이 없는지 확인하고 열반사 단열재 위에 일정한 공기층을 만들어준 뒤 마감자재를 시공하면 더욱 효과가 좋다. 외부단열은 추울 때 시공하면 하자가 생길 확률이 높다. 불가피하게 겨울에 시공해야 한다면 영상의 기온을 유지할 때 시공하는 것이 좋다. 일반 건식공법으로 진행되는 제품들은 겨울에 시공해도 큰 무리는 없다.

▼ 유리 두께에 따른 에너지 절감률

변경 전	변경적용	난방에너지 절감률
16mm 복층유리 (유리5mm + 공기층6mm + 유리5mm)	22mm 복층유리 (유리5mm+공기층12mm+유리5mm)	10%
	로이코팅 복층유리 (16mm)	13%
	로이 복층유리 (22mm)	25%
	로이 복층유리 (아르곤이 주입된 22mm 유리)	30%

< **자료출처** 에너지관리공단 >

단열에서 가장 중요한 것이 창호이다. 창호에서 가장 큰 부분을 차지하는 유리의 성능이 좋아야 난방에너지 절감률을 높일 수 있다. 앞의 표에서 보듯이 22mm 복층유리로 바꾸고 아르곤가스를 공기층에 주입했을 경우 절감률이 30%까지 올라간다. 요즘에는 3중 유리를 선택하기도 하는데 3중 유리를 사용하면 40% 이상 에너지 절감이 된다. 창호는 브랜드보다 유리의 두께가 더 중요하다.

사진으로 보는 단열공사 기초정보

▲ 외부 단열재를 고정시키는 화스너라는 제품.

◀ 화스너를 벽체에 붙어 있는 EPS 단열재에 고정하고 빈틈은 우레탄 폼으로 마감해준다.

▼ 지붕공사 시 기와나 징크 등 마감재를 덮기 전에 꼭 열반사 단열재를 시공해줘서 복사열을 차단한다.

▲ 지붕 처마에 벤트, 즉 공기가 흐를 수 있는 구멍을 만들어주면 뜨거워진 공기가 나갈 수 있고 결로도 예방할 수 있다.

▲ 벽돌마감 때도 마찬가지로 외부에 열반사 단열재를 시공하고 벽돌을 쌓아주는 것이 좋다. 스티로폼을 하나씩 껴 넣으면서 작업하면 밀착이 잘되지 않기 때문에 단열효과가 없다.

내외부 마감공사
예산에 맞춘 합리적인 자재 선택이 우선

외부 마감재 중 요즘 많이 사용하는 제품이 스터코이다. 외부에 바르거나 뿌려서 마감하는 제품들을 스터코라고 한다. 종류도 아주 많고 ㎡당 3~6만 원까지(단열재 포함) 가격대도 다양하다. 일반적으로 드라이비트라고 알고 있는 제품과 비슷하나 성능은 조금 더 좋은 제품이라고 보면 된다. 마감재 공부를 좀 더 하다 보면 오염이 되지 않는 제품들도 발견하게 된다. 실제로 세라믹 사이딩 제품의 경우에는 20년가량을 보장할 만큼 오염이 되지 않는다. 대신 가격은 일반 외부 마감재의 2배 정도이다. 외부 마감 제품은 공부를 하면 할수록 무궁무진하다. 그러므로 내가 잡은 예산에 맞춘 합리적인 자재를 선택해야 한다. 스터코 시공은 주변 페인트 가게에 가서 소개를 받아도 되고 인터넷사이트에서 제품을 판매하는 회사에 소개를 받아도 된다. 내가 발품만 팔면 일할 수 있는 사람은 충분히 구할 수 있다.

최소한의 비용으로 일 잘하는 사람을 찾아서 시공을 맡기고 싶은 생각은 모든 건축주의 하나 된 바람일 것이다. 안타깝게도 일을 아주 잘하는 사람은 항상 일이 밀려 있다. 일 잘하는 사람을 찾겠다는 생각보다는 시간이 걸리더라도 시공 시 곁에서 지켜보면서 "이렇게 해주세요, 저렇게 해주세요." 하고 구체적으로 요구사항을 잘 말하는 것이 낫다.

내부 마감은 거의 도배와 마루이다. 마루는 평당 12만 원 정도 하는데
장판의 경우에는 6~7만 원 정도면 가능하다. 고급스러운 집을 짓는 것이
아니라면 꼭 마루를 고집할 필요는 없다. 장판도 좋은 제품이 많기 때문에
내가 원하는 집을 꾸미고 사는 데 전혀 지장이 없다. 도배도 실크벽지는
㎡당(평당) 3만 원 정도 하는데 합지벽지는 2만 원 정도면 할 수 있다.
실크벽지와 합지벽지의 차이는 실크벽지가 오염에 강하다는 것이다.
요즘에는 합지벽지의 품질도 많이 좋아져서 붙여놓으면 실크벽지인지
합지벽지인지 구분하지 못할 정도이다. 단, 시공방법이 달라서 실크벽지는
겹치지 않고 시공되기에 전체 벽이 하나의 벽지처럼 보여 깔끔하다.
합지벽지는 겹쳐서 시공을 해야 하기 때문에 겹침 부위가 보인다.

사진으로 보는 내외부 마감공사 기초정보

◀ 마루를 시공할 때는 본드를 사용한다. 친환경 본드를 사용하는지 확인하자.

▼ 장판도 층간소음을 막아주는 친환경 제품이 있다.

사진으로 보는 내외부 마감공사 기초정보

▲ 선반은 나중에 설치하지 말고 내장공사를 할 때 미리 계획을 잡으면 꺾쇠 없이 선반만 설치할 수 있다.

▲ 화장실 방수를 할 때는 벽체까지 올려서 방수하는 것이 좋다. 벽체까지 올려서 방수를 하고 타일을 붙여야 줄눈 사이로 침투된 물이 벽체에 손상을 입히지 않는다.

▲ 벽돌마감 시에는 벽돌을 쌓을 수 있는 기초 부분을 집 바닥보다 낮게 만들어서 쌓아야 한다. 그래야 벽돌로 침투된 물이 하부로 내려간다.

▲ 외부 마감하기 전 기초 부분에 침투된 습기가 집에 영향을 줄 수 있으므로 마감하부에는 방수처리를 해준다.

▲ 세라믹 사이딩은 오염방지 능력이 탁월하다.

▲ 벽돌마감 시에는 항상 기초 하부까지 마감을 해야 한다. 그렇지 않으면 벽돌이 흡수한 수분이 바닥으로 흘러서 집 안으로 침투하게 된다.

▲ 스터코 계열도 바탕을 깔끔하게 하면 깨끗하게 마감할 수 있다.

[TIP] 외부 마감재 종류별 장단점

	장점	단점
시멘트 사이딩	시공이 편리하고 목수가 일을 같이 진행하기 때문에 시공이 빠르다. 물론 가격도 저렴하다	주기적으로 관리를 해줘야 한다. 도장한 페인트가 벗겨지기 때문이다.
세라믹 사이딩	수입제품으로 20년간 오염방지가 보장된다. 먼지에도 오염되지 않는다.	가격이 비싸다. 시공비를 포함하면 m^2당 9~13만 원 정도 한다.
스터코 계열	단열과 마감을 한번에 해결할 수 있는 제품이다. 다양한 색상을 표현할 수 있고 마감하는 방법에 따라서 질감도 다르게 할 수 있다.	오염이 되면 잘 닦이지 않고 칠을 다시 해줘야 한다. 단열재 위에 마감이 얇게 되어 있어 충격에 약하다.

등기구 및 위생기구공사
등기구는 인터넷, 위생기구는 큰 매장에서

요즘은 인터넷 쇼핑이 발전해서 웬만한 제품을 전부 구매할 수 있다. 가격도 바로 확인할 수 있기 때문에 내가 필요한 등기구를 파악해서 미리 택배로 물건을 시키고 전기팀이 들어올 때 가져다주면 시공할 수 있다. 콘센트와 스위치는 굳이 비싼 제품을 쓸 필요가 없으므로 전기팀에 설치해달라고 하면 된다. (평당 계약을 하면 다 포함되어 있다.) 요즘 나오는 LED 매립등의 경우 개당 만 원 정도면 구입할 수 있다. 6인치 매립등 위주로 전등을 시공한다면 100만 원 내에 등기구를 구매할 수 있다.

위생기구는 타일을 구매할 때 같이 구매하는 것이 가장 좋다. 타일 매장에서는 기본적으로 위생기구도 같이 판매한다. 다른 제품은 몰라도 위생기구는 큰 매장에 가서 사야 더 저렴하게 구매할 수 있다. 큰 매장 위주로 돌아보면서 견적을 받고 타일과 함께 납품받자. 위생기구는 따라오는 부속들이 상당히 많다. 업체에 이런 부속들도 같이 납품받도록 요청해야 한다. 타일의 경우 여유 있게 한 박스 정도 더 구입해두자. 타일은 제품이 나올 때마다 색상이 조금씩 다르고 품절이 빨리 되는 편이므로 관리 차원에서 종류별로 조금씩 남겨놓으면 좋다.

사진으로 보는 등기구 및 위생기구공사 기초정보

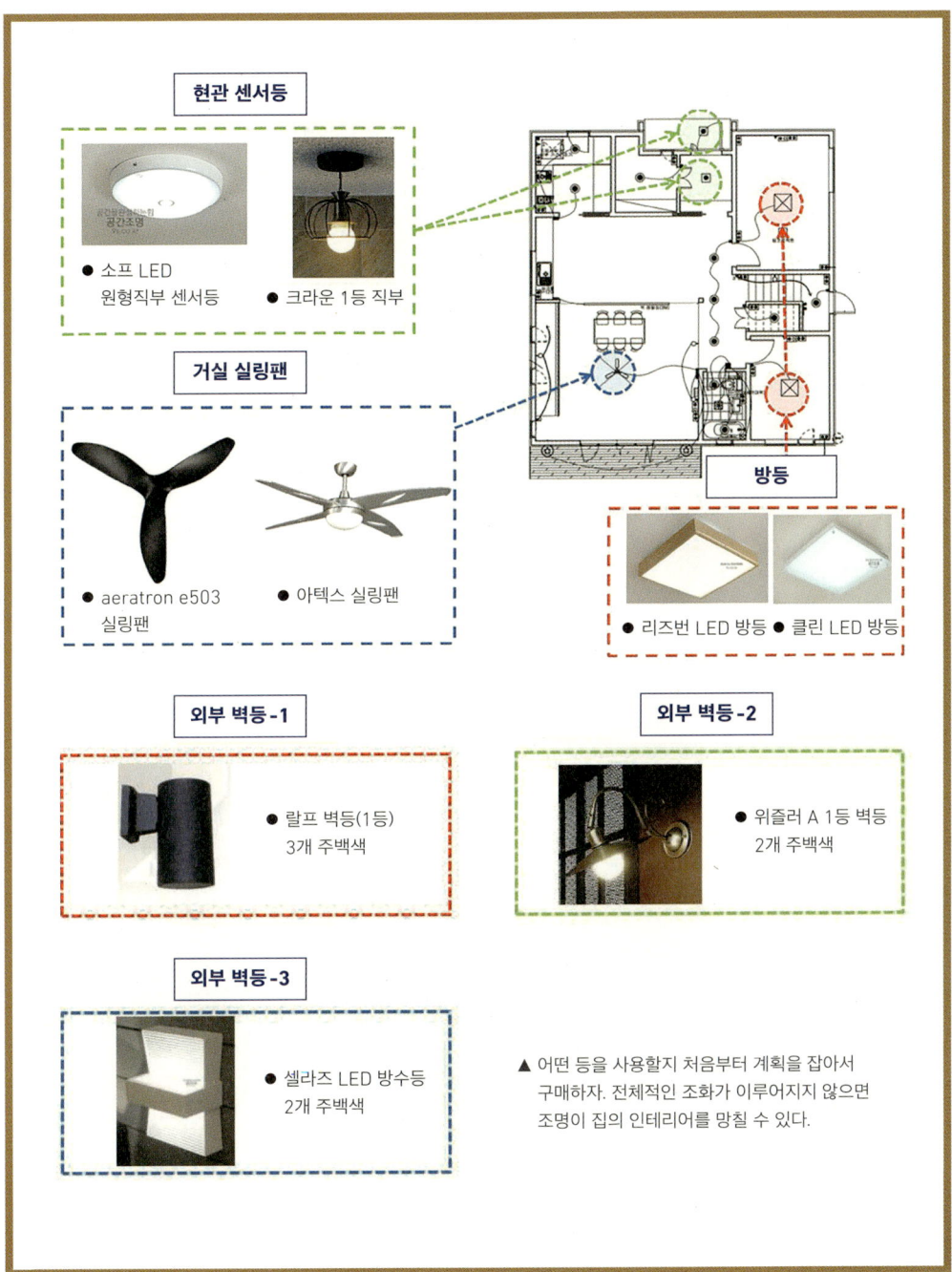

▲ 어떤 등을 사용할지 처음부터 계획을 잡아서 구매하자. 전체적인 조화가 이루어지지 않으면 조명이 집의 인테리어를 망칠 수 있다.

사진으로 보는 등기구 및 위생기구공사 기초정보

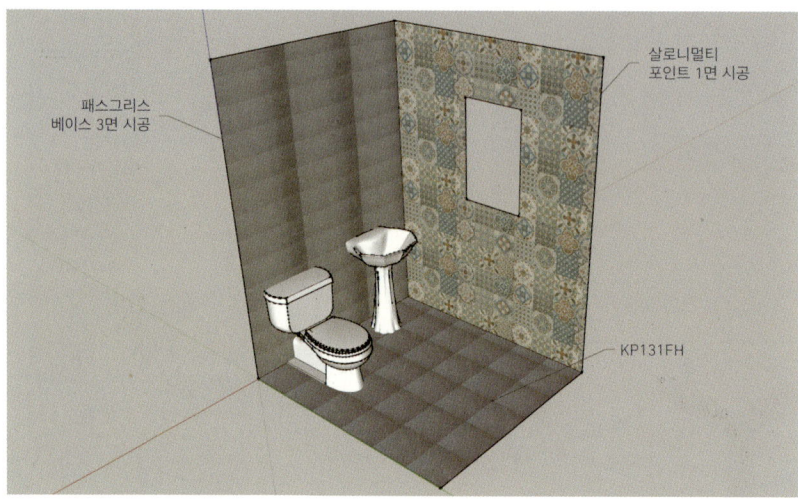

▲ 타일을 고를 경우 업체에 의뢰하면 그림을 그려준다. 그림을 가지고 시공팀과 협의를 해야 처음 생각했던 대로 시공할 수가 있다.

▲ 거실의 경우 천장등보다는 벽등을 활용해서 필요한 곳에 빛을 집중시키는 것이 좋다.

기타 부대공사
꼭 필요한 부대공사 &
건축주가 직접 할 수 있는 부대공사

전기, 통신 맨홀공사

우리나라 법에 따르면 전기와 통신선을 끌어올 때 맨홀을 묻게 되어 있다. 이건 바뀌어야 하는 법 중 하나이다. 전선 몇 가닥이 지나가는 게 전부라서 굳이 큰 맨홀을 사용할 필요가 없기 때문이다. 하지만 준공사항에 포함되어 있으면 해야 한다. 맨홀시공은 인건비를 포함해서 대략 100만 원 정도 들어간다. 어떻게 보면 가장 아까운 돈이기도 하다. 하지만 어쩔 수 없다.

정화조 또는 오수맨홀공사

요즘 시골에는 시 오수관로가 많이 들어와 있으므로 오수맨홀을 시공하고 바로 시 오수관로에 연결하면 된다. 시 오수관로가 우리 땅으로 들어와 있어서 연결만 해도 되면 비용이 많이 들지 않지만, 시 오수관로의 흄관 (원심력 철근 콘크리트관)에 구멍을 내서 연결을 해야 한다면 정해진 설비업체가 시공을 하고 시에 공사완료 확인을 받아야 한다. 오수가 제대로 빠져나가는지 확인하는 것이다. 비용은 약 100~200만 원가량 들어간다. 만약 내 땅에 관로가 들어와 있다면 오수맨홀만 시공하면 되므로 70만 원 정도면 가능하다. 시 오수관로까지 연결할 때 남의 땅을 지나가야 한다면 해당 땅주인의 동의도 얻어야 해서 상황이 좀 더 복잡하다. 이런 이유로 집을 짓기에는 국도에 연결된 땅이 좋다.

가스배관공사

도시가스가 들어오면 도시가스를 연결해야 하고 만약 들어오지 않는다면 LPG 가스를 연결해야 한다. 물론 집에서 LPG 가스레인지를 사용하지 않고 전기 인덕션을 사용한다면 연결하지 않아도 된다. 요즘에는 전기 인덕션이 대세이다. 오징어를 구워 먹는 게 조금 애매하다는 거 외에는 성능이 좋아져서 사용하기 편하고 청소도 간편하기 때문이다. 도시가스가 들어온다면 공사비는 300~500만 원 정도다. 배관 길이와 지역에 따라서 금액이 달라지므로 시공업체 몇 군데에서 견적을 받아본 뒤 결정하자. LPG 가스는 준공에 필요한 필증 포함해서 30~50만 원 정도가 든다. 대신 단점이 있다. 겨울에 부탄가스가 잘 안 나오는 것처럼 LPG 가스도 다 떨어지지 않았음에도 나오지 않아 교체를 해야 하는 경우가 생길 수 있다. 이럴 경우 약 20% 정도 손해를 보게 되므로 LPG 납품가게와 협의하에 체적당 계산을 해서 월단위로 지급하는 것이 유리하다. 물론 체적당 단가는 매번 확인해야 한다. 가격이 오르면 가격을 올리지만 내렸다고 가격을 내리는 일은 거의 없으므로 매번 확인을 하고 결제해주는 것이 좋다.

산재고용보험

일정 이상의 공사를 하게 되면 법으로 산재고용보험에 들게 되어 있다. 공사비가 2천만 원 이상이면 의무이기 때문에 거의 모든 공사가 해당된다고 봐야 한다. 산재고용보험은 의무적으로 들어야 하기도 하지만 만약의 사태에 대비해 꼭 필요하다. 만약 집을 짓다가 사고로 누군가 다친다면, 배상문제가 복잡해지기 때문이다. 집을 지을 때는 보험을 든다 생각하고 들어두는 게 좋다. 비용은 99.17㎡(30평) 기준, 대략 100만 원 정도 나온다.

외부조경공사

신축이라면 준공조경이라는 것이 있다. 즉 집을 완성하고 일부분은 의무적으로 조경을 해야 한다. 유실수와 활엽수 등을 심어주어야 하는데, 금액으로 치면 대략 50~100만 원 정도면 요구하는 식수를 충분히 할 수 있다. 그 외 데크공사, 담장공사, 잔디공사 등 건축주의 필요에 의해 진행하는 부대공사들이 많다. 이러한 종류의 부대공사는 사용승인을 받는 데 꼭 필요한 것은 아니므로 살면서 천천히 해도 된다. 단독주택을 짓는 경우 데크공사나 담장공사는 건축주가 쉬엄쉬엄 직접 하는 경우가 많다. 하다 보면 집 꾸미는 재미도 붙는다.

사진으로 보는 기타 부대공사 기초정보

▲ 우리 집 땅이 옆의 부지보다 높을 경우 사진처럼 보강토공사를 해주어야 한다. 그렇지 않으면 우리 집의 우수가 옆집으로 흘러들어가서 민원의 소지가 된다.

▶ 오수관로가 우리 땅까지 들어오지 않을 경우 시 오수관로까지 파고 들어가서 연결해야 한다. 비용이 만만치 않다.

사진으로 보는 기타 부대공사 기초정보

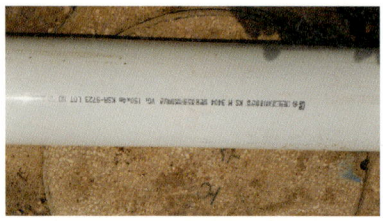

▲ 외부에는 VG1 배관을 사용해야 한다. 혹시 모를 하중에도 견딜 수 있도록 단단한 제품이 좋다. 또한 KS정품을 사용해야 파손을 막을 수 있다. 파손 시 보수하려면 많은 비용과 노동력이 필요하다.

▲ 정화조가 필요 없는 경우 사진 속 흰색 제품 같은 오수맨홀을 시공해야 한다.

◀ 준공조경수는 많이 필요하지 않다. 사진 속의 조경수 정도만 구매해서 심어주어도 충분하다.

◀ 잔디는 시간이 지나면 알아서 퍼지기 마련이다. 처음부터 촘촘히 해도 되지만 듬성듬성 심어도 잔디가 자연스럽게 퍼지면서 메워진다. 단, 시간은 조금 걸린다.

사진으로 보는 기타 부대공사 기초정보

◀ 상수도를 신청하면 사진과 같이 시공해준다. 얼지 않도록 단열재를 꼭 해주자.

▼ 데크는 어느 정도 규모로 하느냐에 따라서 금액이 달라진다. 사진만큼 하려면 500만 원 이상 들어간다.

▲ 외부 관리의 용이함을 위해 합성목재를 시공하기도 한다. 가격 차이는 거의 없지만 합성목재인 만큼 자연스러운 느낌을 살리기는 어렵다.

▲ 외부에도 수도가 필요하므로 부동전을 필요한 곳에 미리 설치해야 한다. 나중에 설치하려면 일이 너무 많아진다.

사진으로 보는 기타 부대공사 기초정보

▲ 시골집이라도 마당의 경계는 만들어놓는 게 좋다. 높은 담장일 필요는 없다. 낮은 담장을 만들어놓으면 마당이 더 넓어 보이는 효과도 있다.

▲ 외부 주차장을 따로 만들면 때로는 카페로도 활용이 가능하다.

▲ 자동차가 눈과 비를 맞지 않도록 지붕이 있는 카포트를 설치한 모습이다. 비용은 국내 제품 사용 시 2대 수용 기준으로 300만 원 정도다.

[TIP] 한눈에 보는 추가 비용 리스트

건축허가	
경계점복원측량비	면적에 비례하는데 100평 미만의 경우 대략 60~80만 원 정도 나온다. 한국국토정보공사에 신청한다.
설계비 (규모에 따라 결정)	설계비는 면적에 따라서 또는 설계하는 회사에 따라서 정해진다. 법적으로 정해진 게 없기 때문에 협의를 해야 한다. 시공을 하면 설계비는 무료로 해주는 곳도 있다. 다만 퀄리티를 기대하기는 어렵다.
토목설계비 (해당 있을 경우만)	토목설계는 농지나 산지를 대지로 변경할 때 옹벽이나, 부지 내 우수관로 등 땅에 관련한 설계비용이다. 이 비용 또한 사무소에 따라 달라지기 때문에 협의를 해야 한다.
인허가접수비	설계를 직접하고 인허가만 지역건축사사무실에 의뢰하기도 하는데 지방은 200만 원 정도에 진행해주기도 하고, 도심지는 천만 원을 받기도 한다. 편차가 심하기 때문에 여러 군데를 알아보는 것이 좋다.

착공신고 (허가서 발급 시 영수증 사본 제출 / 착공신고 시 첨부해야 함)	
건축허가수수료	건축허가를 신청할 때 허가권자나 신고 수리자에게 건축조례로 정하는 수수료를 납부해야 한다.
국민주택채권	자동차를 살 때처럼 채권을 매입하는 것이다. 대부분 매입하자마자 팔게 된다. 대략 10만 원 이하다.
면허세	지역에 따라, 면적에 따라 다르지만 몇천 원에서 몇만 원 정도이므로 부담은 없다.
기반시설부담금	이 또한 무조건 부담하는 것이 아니라 집을 짓는 데 필요한 기반시설이 미리 지어져 있을 경우에만 부담하는 금액이다.
도로점용비용	공사를 진행하면서 또는 국도를 지나서 집에 들어와야 하는 경우에는 도로점용비용을 내야 한다. 계산방식은 다음과 같다. (도로점용료 = 공시지가 × 점용면적 × 0.05 × 점용개월 /12)

사용승인

사용승인 업무대행비용
(허가일 경우만)

규모별로 다르며, 대략 200~500만 원 정도이다. 간혹 도심지는 천만 원이 넘어가기도 한다. 대부분 인허가에 포함해서 계약한다.

하수원인자부담금
(하수종말처리장에 연결할 경우)

오수발생량이 10㎥/일 이상 새로이 증가해 공공 하수도의 공사가 필요하게 된 경우에 발생하는데 택지개발지구에서는 대부분 면제 받는다. 준공 시까지 납부하면 되는데 작은 주택은 부담이 되지 않는 금액 수준이다.

전기/통신 비용

공사용 임시 전기 신청비
(가설전기)

공사 시 사용하는 전기 인입비용으로 한전에 신청한다. 가설전기를 신청하면 계량기를 타 와서 설치하는데 전기 업체가 대행한다. 계량기 값이 20~30만 원이고 설치비는 별도로 받는다.

공사용 계량비, 설치비
(한전지정업체)

가설전기 계량기 설치비용. 공사 업체가 기존에 있다면 계량기 1대 값만 신청하면 된다. 설치비까지 포함해서 50만 원 정도 한다.

통신 맨홀 공사비
(통신지정업체)

건축허가서에 따라 통신 맨홀을 설치해야 할 경우 필요한 작업. 작은 평수(149㎡ 이하)는 면제된다. 해야 한다면 맨홀비용이 들어가고 필증비용도 들어가는데 대략 100만 원가량이다.

정보 통신 사용 전 검사비
(통신지정업체)

위에서 말한 필증비용이다. 업체마다 가격이 다르다. 통상적으로 검사비용까지 80~100만 원 정도 들어간다.

가정용 본전기 인입비

지중으로 연결할 시 한 대당 57만9천 원이다. 연결공사는 대부분 진행하고 있는 전기업체가 진행해준다.

상하수도/기타	
상수도 인입비	상수도 사업소에 신청하면 계산해서 알려준다. 수도관이 바로 앞 도로에 있다면 100만 원을 넘지 않는다.
하수도 연결공사비	하수도는 얼마나 멀리 떨어져 있느냐가 제일 중요하다. 집 앞에 바로 관로가 있다면 100만 원 이하로도 충분하지만 멀리 있다면 금액은 비례해서 증가한다.
정화조 설치비	시 오수관로가 없을 경우에 정화조를 설치하는데 일반 정화조는 300만 원 정도면 할 수 있지만 양평 같은 상수도 보호구역에서는 오수합병정화조를 설치해야 한다. 설치 시 장비도 같이 설치해야 해서 500~800만 원 소요된다.
도시가스 배관공사 (도시가스가 공급되는 지역)	대부분 도로까지 배관이 되어 있기 때문에 비용이 일정하나 지역마다 도로 복구비용 산정이 다르기 때문에 외부 요소에 따라 달라지기도 한다. 가스배관이 집에 설치될 때 길이에 따라서 금액이 달라질 수도 있다. 대략 300만 원가량 들어간다.
고용산재보험	고용산재보험 가입은 의무이다. 안 들고 버티면 나중에 차압하겠다는 안내문이 날아오기도 한다. 그러니 처음부터 가입을 하고 사고 시 대처를 하는 것이 좋다. 대략 99㎡(30평) 주택이면 100만 원 정도 들어간다.
조경공사비	조경은 그야말로 건축주의 마음이다. 얼마나 하느냐에 달려 있다. 기본적으로 준공을 하기 위해서 식수를 하고 주차장 라인을 만드는 것은 200만 원 정도면 충분히 할 수 있다.

소유권보존등기	
취득세, 지방교육세, 농특세	신고가의 1.3%

● 일반적인 납부 항목이나 상황에 따라 다른 항목이 있을 수 있다.

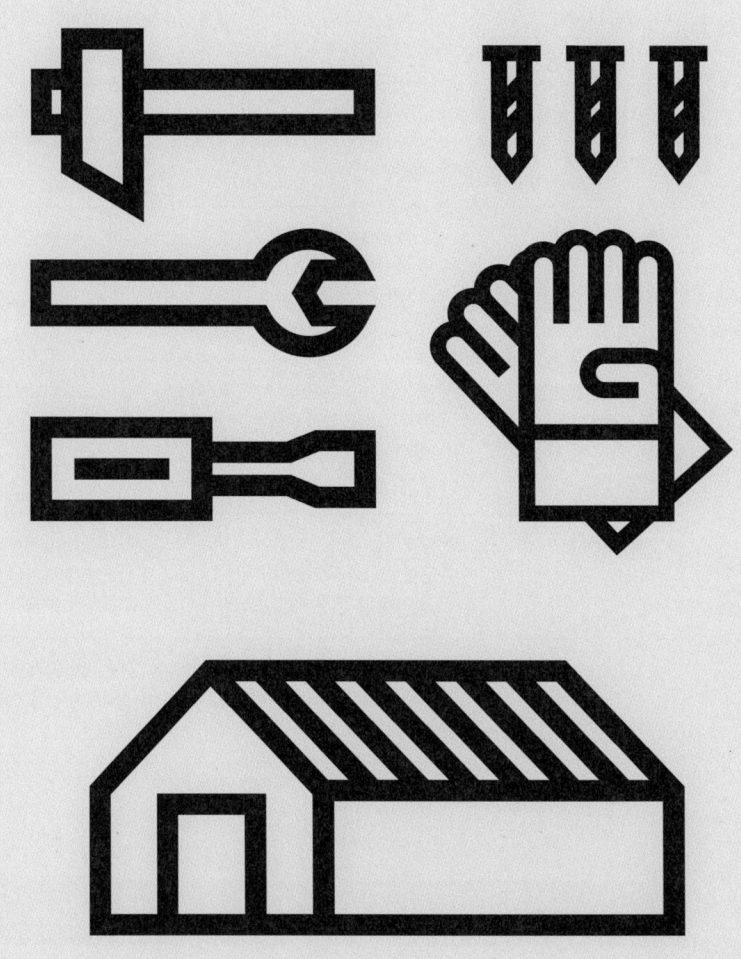

Part 03

집, 고쳐 살기

집, 고쳐 살기

삼척 고향에 마련한 작은 카페와 시골집

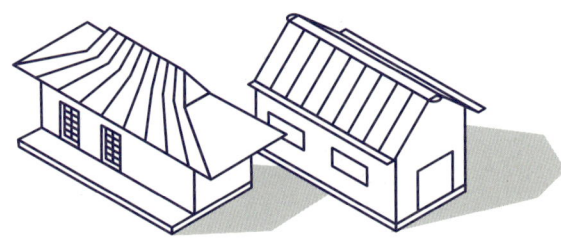

HOUSE DATA

가족구성 고향으로 내려간 카페 주인장 1인

대지면적 612m²(185평)

건축면적 38.51m²(11.6평) + 60.95m²(18.5평)

연면적 주택38.51m²(11.6평) + 카페60.95m² (18.5평), 주택은 10m²(3평), 카페는 23m²(7평) 확장

구조 목구조

외장재 볏짚과 혼합된 흙미장 마감

리모델링 내용 주택은 외부에 있던 욕실을 안으로 들이고 지붕교체, 카페는 확장

리모델링 비용 2천만 원대

Intro.

삼척이 고향인 카페 주인장은 언젠가는 고향으로 가겠다는 생각을 항상 가지고 살았다. 하루는 고향에 잠깐 볼일이 있어서 내려왔다가 아주 인상적인 장소를 발견했다. 휴대전화도 안 터지는 오지 산골에 자리한 카페와 작은 주택이었다. 고향으로 내려온다면 꼭 이런 곳에서 정착하고 싶었다. 그곳 주인에게 "이곳을 언젠가 팔 생각이 있다면 나에게 말을 해달라, 내가 꼭 사고 싶다"며 신신당부를 해놓고 돌아왔다. 시간이 흐른 어느 날 낯선 번호로 한 통의 전화가 왔다. 오지 산골 카페 주인이었다. 조만간 카페와 집을 팔고 나갈 예정이라며 집을 살 생각이 있느냐고 물어왔다. 그날 이후 귀향 프로젝트는 시작되었다.

장소는 바다 드라이브길이라 불리는 7번 국도에서 산속으로 5킬로미터 정도 들어간 곳에 있다. 말이 5킬로미터이지 아주 좁은 길을 굽이굽이 들어가야 하는 곳이라 가다 보면 정말 사람이 살기는 하는 곳인지 의심이 들 정도이다. 카페는 산속 아주 아늑한 곳에 자리를 잡고 있었다.

건축물 정보를 확인해보면 2006년에 완공된 목구조 건물과 작은 근린생활시설이 있다. 바로 카페다. 사람이 계속 살고 있었던 곳이라 바로 들어가서 살아도 무리는 없지만 집이 조금 작은 편이다. 사람이 살면서 줄이기 힘든 게 바로 집 크기와 차량 크기이다. 집을 줄이면 물건과 그 물건 안에 담긴 추억을 버려야 하고 큰 차를 타다 작은 차를 운전하면 뭔지 모를 불안함을 느끼게 된다. 그래서 집을 줄이는 것은 쉬운 일이 아니다. 하지만 이런 산골에 들어와서 큰 집에 살 수는 없는 법. 짐도, 집도 조금 줄이기로 했다. 리모델링 비용도 최소화하기로 했다. 카페에 좀 더 투자를 해야 하기 때문에 집은 화장실 증축만 하고 나머지는 있는 그대로 살리기로 했다. 조금 추운 거 외에 부족한 것은 없었다.

집과 카페는 산속 깊숙한 곳에 자리 잡고 있다.

대지면적 및 건물 구조, 공시지가 등을 확인할 수 있는 건축물 정보.

방은 3개인데 하나는 차방, 하나는 침실, 그리고 나머지 하나는 창고로 활용하면 될 것 같았다. 아쉬운 것은 화장실이었다. 화장실이 외부에 있어서 씻거나 볼일을 볼 때 여간 불편한 게 아니었다. 그래서 일부 벽을 허물고 화장실을 만들어서 연결하기로 했다. 온수는 전기온수기로 해결하기로 했다. 요즘 나오는 전기온수기는 샤워하는 데 문제가 없을 만큼 물량이 충분하다. (기능이 좋아지면서 편리하게 사용할 수 있는 제품들이 많아졌다.) 벽을 허물고 문을 달고 타일을 붙이고 배관을 끌어와서 화장실 겸 샤워실을 만들었다.

거실로 활용되는 방. 손님이 오면 머무를 수 있는
방으로 활용하기로 했다. 기본적인 창호지 바름
공사만 진행했다.

다과를 좋아하기 때문에 방 한쪽에 다실을 꾸몄다.

침실로 쓰는 방. 옛날 집이라 층고가 낮지만 침실로 사용하기에는 충분하다.

거실 겸 작업실이다. 오른쪽 부분을 철거하고 화장실로 만들어서 확장하기로 했다.

주방은 폐교에서 뜯어 온 창으로 밝게 만들었다. 조금 춥지만 층고가 낮고 작은 집이기에 일단 돈을 안 들이는 방향으로 개조했다. 창을 통해 빛이 환하게 들어오기 때문에 항상 밝은 주방이 되었다.

옛날에는 주방 다용도 창고로 활용했을 공간에
김치냉장고와 냉장고를 넣으니 딱 맞다. 반대쪽은
김치냉장고 자리다. 맞춤처럼 딱 들어갔다.

모든 방문은 그대로
두기로 했다. 목수가
정성들여 만들기도 했고,
이 집의 분위기상 구멍 난
부분만 한지로 막는 것이
더 잘 어울릴 것 같았다.

집과 어울리게 화장실도 고풍스럽게 만들려고
했으나 비용 문제로 신식 화장실로. 옛날 집에
화장실은 신식이다. 온수는 전기온수기로 해결했다.

천장을 보니 군데군데 물에 젖은 듯한 흔적이 있다. 건축물 대장에는 일반목구조라 되어 있다. 요즘에 하는 경량목조주택이 아닌 옛날 방식과 요즘 방식이 혼재된 방법이라 할 수 있다. 이런 집은 대부분 집주인이 직접 짓는 경우가 많다. 그만큼 정성들여서 짓지만 디테일이 떨어지는 탓에 이런저런 하자들이 생기기 마련이다. 이 집도 방수기능과 관련하여 미흡한 부분이 있어 누수가 있는 듯 보였다. 이런 집의 경우 정확하게 어디가 새서 누수가 있다고 판단하기가 매우 어렵다. 지붕에 짚이 덮여 있어 더욱 판단이 힘들다. 이럴 때는 과감하게 지붕 전체를 고치는 것이 좋다. 가장 안전한 방법이고 후회하지 않는 방법이다.

시골에서 쉽게 구할 수 있는 지붕재가 양철지붕이다. 요즘에는 나라에서 정책적으로 지붕교체공사를 해주기도 한다. 나라에서 지원하는 지붕교체공사는 노인들을 위한 복지이다. 업체가 많다 보니 가격도 많이 저렴해졌다. 이 정도 규모의 집이라면 100만 원 정도면 선홈통까지 설치할 수 있다. 지붕 전체를 덮어버리면 방수 문제도 해결할 수 있다. 이제 집에 대한 개조는 마무리되었다. 나머지는 살면서 하나씩 고쳐도 된다.

지붕공사 전 사진. 양철지붕이 오래되어서 곳곳에 누수가 발생하고 있었다. 누수를 찾아서 막을 수도 있지만 빗물이 정확히 어디서 새는지 알기가 어렵다. 그래서 전체를 덮어버리기로 했다. 카페 또한 지붕을 전체 덮어서 리모델링했다.

물론 리모델링을 할 때는 예산이 허락한다면 완벽하게 고치는 것이 좋다.
나중에 하나씩 고치며 산다는 게 생각보다 쉬운 일이 아니기 때문이다.
하지만 처음부터 모든 것을 완벽하게 고치려면 많은 비용이 발생한다.
시골집에 들어가는 이유와 자신이 원하는 라이프스타일을 잘 생각해보자.
그러면 무리를 해서라도 집을 많이 뜯어 고칠 것인지, 아니면 조금
부족하더라도 정말 필요한 부분만 고치고 지낼 것인지 판단이 설 것이다.
무엇보다 시골집은 투자한 만큼 돌려받기 어렵다. 그러니 꼭 필요한
곳에만 투자해야 함을 잊지 말자. 이 집은 사실 유리도 얇고 창틀도 나무로
되어 있는 등 여러 단점들이 보인다. 하지만 전부 보완하려면 헐고 다시
지어야 한다. 이럴 때는 선택과 집중을 해야 한다. 아쉬운 점이 있더라도
집은 여기까지 손보기로 한다.

양철지붕으로 새롭게 단장했다. 지붕의 색깔은 원했던 색은 아니었지만 정부 지원을 받을 때는 색깔을
지정할 수가 없다. 해놓고 보니 나름 괜찮다. 비 올 때 시끄럽기는 하지만 이 또한 시골살이의 운치고
재미이다.

비가 올 때 툇마루가 젖지 않도록 처마를 길게 확장했다.

옆마당은 주변에 널린 두충나무를 이용해서
서까래를 만들고 투명 렉산을 덮었다. 빨래도 널고
카페까지 비를 안 맞고 가기 위한 통로도 된다.
비용은 거의 인건비만 들어갔다.

처마에 간단한 고리를 만들어서 자전거를 걸어놓았다. 별도의 공간 없이도 자전거를 보관할 수 있게 되었다.

확장된 화장실 외관 모습이다. 전에 바른 흙과 새로 바른 흙의 차이가 있다.

다음에는 카페를 가보자. 주인장은 그곳에서 야생화꽃차를 팔 것이다. 테이블이 있고 바bar 같은 테이블이 길게 있다.

그런데 두 팀 정도 오면 앉을 곳이 없다. 물론 손님이 많이 올 수 있는 곳은 아니다. 한 번 왔던 사람이 주변을 지날 때 풍경이 좋아서 다시 한 번 들르게 되는 곳이다. 오지산골이라 그냥 지나가다 들를 수 있는 곳이 아니기 때문이다. 그런 곳이기에 힘들게 찾아왔는데 자리가 없다면 그것도 주인장 입장에서는 미안한 일이다. 그래서 손님이 있을 때는 손님을 맞이하고, 없을 때는 작업실로 쓸 수 있도록 확장하기로 했다. 땅은 넓고 카페도 집도 작기 때문에 확장을 하는 데는 전혀 문제가 없다. 건폐율과 용적률이 9.95%이다. 지금의 두 배로 지어도 된다.

카페에 들어서면 바 같은 테이블이 있고 왼쪽에 화장실과 테이블이 있다. 이게 끝이다. 카페의 오른쪽을 더 확장해서 테이블을 놓고 뒤쪽도 확장해서 지금보다 2배 정도로 넓어 보이게 트기로 했다. 카페는 자연재료로 지어져 있는 게 특징이었다. 기와를 흙과 같이 쌓아서 기초를 하였고 짚을 활용해서 벽체 단열을 했다. 이렇듯 친환경적이고 주변에서 구한 재료로 만든 카페라는 점이 장점이자 특징이 될 수 있을 것 같아서 개조하는 부분도 최대한 친환경적으로 진행하기로 했다. 경량목구조 주택을 시공할 때 사용하는 원목구조재로 기둥과 지붕을 만들고 내부 마감도 같은 느낌으로 시공했다.

손님이 없을 때는 주인장이 책도 보고 낮잠도 잘 수 있는 공간을 만들고 작업대도 좀 더 넓게 확장했다. 테이블도 네 개나 늘어났다. 낮에는 대부분 카페에서 생활하고 밤에는 집에서 생활하는 게 편하도록 개조하는 데 중점을 두었다.

카페 수익이 많지는 않지만 공기 좋은 이곳에서 노후에 쓸 용돈 정도는 벌면서 텃밭도 하고 반려견과 함께 좋아하는 산도 오르내리는 생활을 할 수 있게 되었다.

카페 지붕을 확장하면서 앞부분과 오른쪽 부분을
확장하였다. 확장하면서 처마도 길게 **빼주어서**
그늘을 만들었다. 처음 지붕은 양철지붕에 처마가
나와 있었는데 확장을 하면서 처마가 더 길어졌다.
(위_ 리모델링 전, 오른쪽_ 리모델링 후)

뒷부분에 공간이 있기 때문에 일부 흙을 걷어내고 확장을 하기로
했다.

약간 경사진 부분은 기와를 단단히 올려서 흙을
쌓아올렸다. 옛날에 하던 방식이다.

볏짚은 단열재 역할도 해준다. 볏짚을 벽체에 채워
넣고 물에 젖지 않도록 플라스틱 루바로 막아주면
친환경 단열재가 된다.

남아 있는 기와로 장독대 테두리 담장을 해주었다.

들어서면 긴 테이블이 있고 끝에 한 테이블이 더 있는 작은 카페였다. 테이블 뒤에는 바로 수납공간이 있고 작은 싱크대가 자리하고 있었다. 전 주인장이 워낙 깔끔하게 사용한 터라 확장에 대한 고민을 할 정도였다. 개수대도 깔끔하게 만들어져 있었다.

마주보고 앉을 수 있는 테이블이
한 개밖에 없고 전부 옆으로 앉는
테이블이라 마주보고 있는 테이블이
더 필요했다. 뒷부분과 전면 부분을
확장하기로 했다. 바닥이 데크인 부분이
실제로 늘어난 면적이라 보면 된다.
원래 지붕 위에 또다시 지붕을 덮는
방식을 택했기 때문에 지붕을 뜯을
필요가 없다.

전면에 3미터 정도를 확장해서 최대한 같은 재료로 마감하였고
몰탈을 쉽게 구할 수 없는 여건상 데크로 마감했다. 테이블은 한옥
철거현장에서 얻어온 툇마루로 만들었다. 이젠 단체손님이 와도
앉을 공간이 생겼다.

창문은 근처 폐교에서 얻어왔다. 색칠만 하고 달았다. 오래된 느낌의 카페가 테마이기 때문에 고재를 많이 사용했다. 덕분에 공사비도 절감할 수 있었다.

창 쪽에 있던 것을 철거해서 양쪽으로 긴 테이블과 책장을 만들었다.

바깥의 대나무를 감상할 수 있도록
큰 창을 원했으나 우리가 원하는
고풍스러운 창을 만들 수 없어서 직접
제작하고 유리만 만들어서 껴 넣었다.

손님용 테이블도 만들고 주인장의 작업대도 만들었다.

지붕을 철거하고 다시 만들려면 비용이 많이 들어간다. 현재 서까래 나와 있는 부분이 전 지붕이고 그 위에 더 튀어나온 부분이 추가로 만든 지붕이다. 기존 지붕에 다시 지붕을 만들어서 덮어버린 것이다. 비용도 절감되지만 처마가 더 긴 형태이기 때문에 집이 안정적으로 보인다.

주인장은 손님이 없을 때 집에 가서 자는 게 아니라 졸리면 카페에서 자고 안 졸리면 책도 읽을 수 있는 공간을 원했다. 확장 부분에 소파베드를 두고 간이 테이블을 만들어서 책을 잔뜩 쌓아놓고 취미생활도 즐길 수 있도록 했다. 전보다 훨씬 넓어진 작업공간을 볼 수 있다.

카페의 난방을 책임지는 주물난로이다. 러시아에서 기차 타고 넘어온 아주 귀한 제품이다. 열효율이 뛰어나다고 한다.

연통은 지붕 위로 빼주어야 공기의 흐름이 좋다.

빼놓을 수 없는 수세식 화장실. 작은 세면대와 비데까지 설치했다.

이 집과 카페의 리모델링 핵심은 최저가이다. 카페 확장 비용으로 대략 1,500만 원 정도 들어갔고 집은 지붕을 새로 덮고 화장실 확장하는 데 500만 원 정도 들었다. 최소의 비용으로 공사를 마무리해야 했기에 기존 재료를 많이 이용했고 불필요한 철거는 최소화하였다. 물론 아쉬운 점이 많다. 특히 단열은 거의 손을 대지 못했기 때문에 많이 아쉽다. 하지만 선택과 집중을 해야 한다. 내가 우선적으로 필요한 것이 무엇인지. 이곳의 주인장도 '자연 그대로'에 가까운 집과 카페를 원했다. 스티로폼 같은 단열재를 엄청 싫어했다. 모든 것이 자연으로 돌아갈 수 있는 재료로 집을 짓기를 바랐다. (물론 안 되는 것도 있었지만….)

집을 짓거나 리모델링을 할 때는 빨리 마음을 접고 포기할 줄도 알아야 한다. 안 그러면 은행대출만 늘어날 것이다. 100만 원씩 추가되는 비용이 처음에는 적어 보이지만 이 비용이 모여서 천만 원이 되는 건 순식간이다. 자동차 옵션이 늘어나는 것과 같다. 이 집의 경우 카페 확장, 지붕 누수 막기, 집에 화장실 만들기 외에는 거의 필요로 하지 않았다. 집주인의 확고한 기준이 있었기에 아주 저렴한 비용에 원하는 주택으로 리모델링을 할 수 있었다.

매립작업을 하려면 많은 비용이 들어가기 때문에 옛날 집처럼 애자를 활용해서 전선을 노출했다.

91.84㎡ (27평) 작은 집에 복층 아이디어를 더한 주택 리모델링

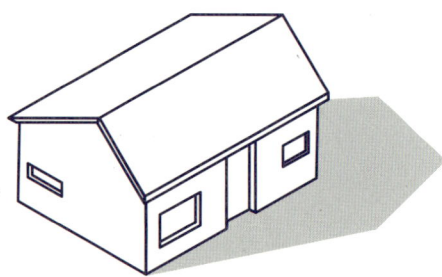

HOUSE DATA

가족구성   부부, 어머님, 아들2, 딸1

대지면적   463㎡(140평)

건축면적   91.84㎡(27평)

연면적   91.84㎡(27평)

           다락 46.47㎡(14평)

구조   콘크리트조

외장재   기존 벽돌에 흰색 도장

리모델링 내용   높은 층고를 활용해서 다락을 최대한 확장

리모델링 비용   7천만 원

Intro.

필자가 현장소장으로 일하고 있을 때 주변에 아이들에게 마음껏 뛰놀 수 있는 공간을 선물하기 위해 아파트를 버리고 단독주택으로 이사 준비를 한 분이 계셨다. 그분은 이런저런 이야기를 나눈 끝에 경산에 위치한 LH에서 분양한 택지를 구매했고, 필자가 그곳에 집을 지어드렸다. 건축주는 강아지도 키우고, 벽난로를 사용하는 재미도 맛보며 아이들과 단독주택에서의 추억을 하나하나 만들어가며 만족스럽게 지냈는데, 안타깝게도 집 앞이 자동차가 다니는 도로다 보니 아이들이 맘껏 뛰놀 수 있는 곳은 집 안팎에 없었단다. 그래서 결국 지은 지 몇 년 되지 않은 집을 팔고, 마당이 아주 넓은 곳으로 이사를 가기로 결정했다.

필자는 건축주의 의뢰를 받아 이사 갈 집으로 점찍어둔 장소를 방문했다. 땅에 대해서 분석하고 철거 후 신축과 리모델링 두 가지를 모두 염두에 두고 현장 실사를 하게 되었다. 밀양에 있는 부지였는데 건축주의 직장이 밀양에 있어서 직장도 가깝고 마당도 넓은 집이라 아이들이 맘 놓고 뛰어다닐 수 있는 집이었다.

부지는 집이 지어져 있는 대지와 그 옆으로 전이 있었고, 넓은 마당으로 쓸 수 있는 땅 2필지도 포함되어 있었다. 한눈에 보기에도 넓은 부지에 남향을 바라보고 있으며 서쪽으로는 개천이 흐르고 있어서 여러모로 아주 좋은 환경을 갖고 있었다. 그러나 문제가 있다. 여섯 가족이 살기에는 작은 91.84㎡(27.7평)의 집이라는 것. 기존의 집은 거실과 주방, 화장실, 방 두 개를 가진 작은 집이다. 물론 이게 작은 집이라고 할 수는 없다. 하지만 전에 살던 집이 165㎡(50평대)의 넓은 집이었던 데다 어머님, 부부, 세 명의 아이까지 여섯 가족이 살아야 하므로 작게 느껴지는 건 어쩔 수 없었다.

경산 사동에 지어 살던 집. 잡지와 TV에도 나올 정도로 인기가 있었고 모던한 주택으로 여섯 가족이 살기에는 부족함이 없었다.

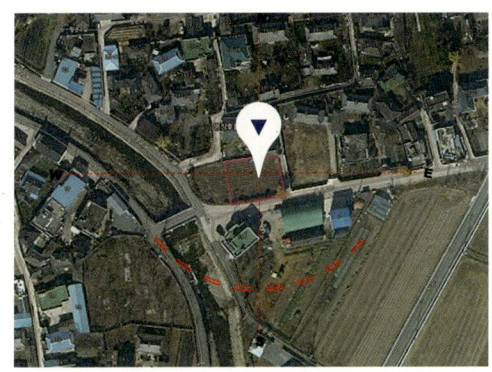

새로 이사 갈 시골집은 로드뷰로 보기에도 마당이 아주 넓은 시골집이다. 시골에 가면 흔히 볼 수 있는 빨간 벽돌에 기와를 얹은 집이다.

부지도 남향을 바라보고 있어 매우 이상적이다.

이런 사정으로 인해 처음에는 신축을 염두에 두고 있었다. 하지만 현장 실사를 해보니 모두 철거하고 새로 짓기에는 너무 아까운 집이었다. 벽돌집이었으면 미련 없이 철거하고 신축을 했겠지만 콘크리트로 지은 집이었고 당장 예산도 충분하지 않았다. 도면을 보고 현장을 확인하면서 이런저런 고민을 하던 중 옛날 집의 층고는 높은데 1층의 마감 높이가 2.4m임을 감안하면 천장 속이 비어 있을 것으로 판단되어 거기에 다락방을 만들어서 복층을 아이들이 사용하는 공간으로 만들면 되지 않을까 하는 생각이 들었다.

지붕을 철거하고 높이를 재본 결과 성인이 서서 돌아다닐 수 있는 높이는 아니지만 아이들이라면 충분히 생활할 수 있는 공간이 나올 것 같았다. 건축주와 협의 후에 바로 작업에 착수하였다.

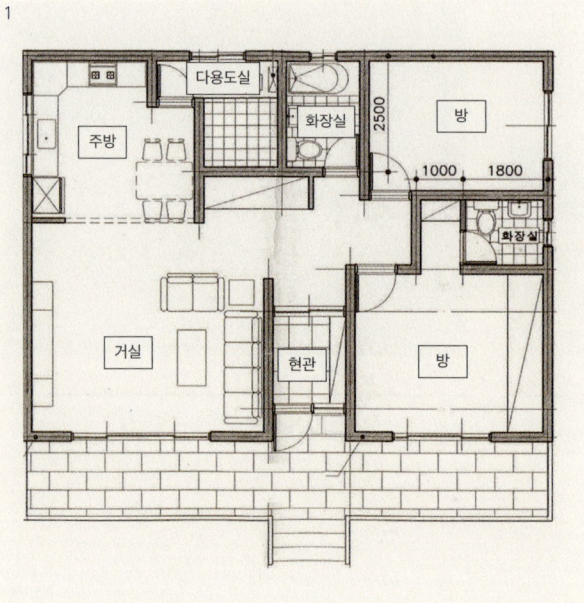
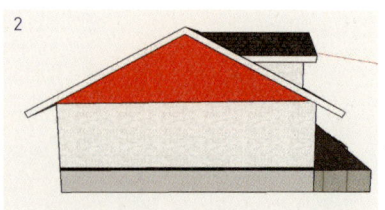
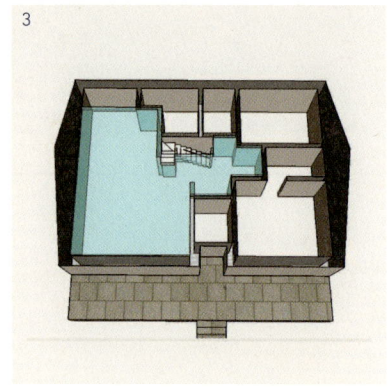
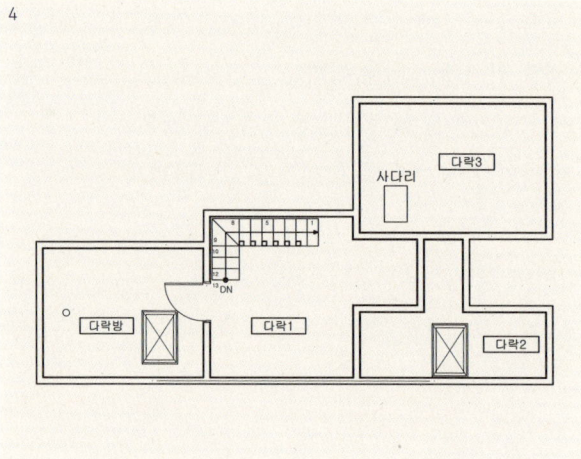

1 리모델링 전 실제 도면.
2 사진 속 빨간 부분이 비어 있다면 이곳을 복층으로 활용하면 좋을 것 같았다.
3 계단을 만들어서 파란 부분을 복층 공간으로 만들 계획을 세웠다.
4 다락방 도면. 46.47㎡(14평)의 다락방을 만들 수 있다.

주방은 작은 창들만 몇 개 나 있어서 전반적으로 어둡고 천장이 낮아 좁아 보였다. 좀 더 밝은 주방을 만들기 위해 철거를 하면서 지붕 마감선까지 전체 철거를 했다. 지붕 경사대로 마감을 하면서 일부를 철거해서 천창을 만들었다. 이때 지붕 콘크리트 구조물을 함부로 철거해서는 안 된다. 구조도 점검하고 철근의 이음도 확인하면서 꼼꼼하게 철거하고, 보강도 충분히 해주는 것이 좋다. 천창을 달고 나니 불을 켜지 않아도 주방이 밝았다. 요리를 할 때 천창을 열어주면 굴뚝효과로 모든 냄새가 빠져나가기 때문에 같이 붙어 있는 거실로 냄새가 전달되는 게 확실히 줄어든다. 무엇보다도 주방이 밝아지니 좁은 집이 넓어 보이는 효과가 있다.

개조 중 - 주방

지붕 마감선을 철거하니 위 공간이 넓어졌다. 여기에 천창을 설치해서 주방을 밝아 보이게 했다.

개조 후 - 주방

천장을 높이니 좁았던 주방이 넓어 보인다. 천창이 있어 환기시키기도 좋다.

주방에서 바라보는 거실은 완전히 막지 않고 일부 트고 유리 선반을 얹을 수 있도록 타공해서 포인트를 주었다.

이 집에서 제일 넓은 곳이 거실이다. 방이 더 필요하다는 생각이 들면 보통 제일 넓은 거실을 일부 막아서 방을 만들 생각을 할 것이다. 하지만 좀 더 깊이 생각해보면 생활하면서 가족이 다 같이 모이는 유일한 공간이 거실이다. 집 설계에 있어서 거실처럼 가족이 모일 수 있는 공간은 굉장히 중요하다. 그래서 방을 만들기 위해 거실을 줄이는 것은 좋은 방법이 아니다.

개조 작업을 하면서 거실의 면적은 최대한 그대로 살리는 대신 기존의 집보다 넓어 보이도록 했다. 집의 지붕이 삼각형 모양이기 때문에 가운데가 가장 높았다. 천장이 가장 높은 가운데를 기준으로 복층을 만들고 복층 바닥이 거실 천장 전체에 걸치지 않도록 일부에서 끊어주었다. 덕분에 거실과 주방 모두 층고가 높아 집 전체가 넓어 보였다. 이렇게 하면 기존의 거실 면적과 주방의 면적은 그대로 유지하면서 복층만 추가하여 만들 수 있다. 오히려 거실 천장 전체가 마감되어 있었던 기존의 집보다 일부가 경사로 개방되면서 더 넓은 느낌을 주었다.

거실 천장이 높아지면 난방이 안 돼서 춥다는 이야기를 많이 한다. 하지만 거실 천장이 높아서 추운 게 아니라 건물의 단열이 제대로 안 되어 있기 때문에 추운 것이다.

개조 중 - 거실 & 다락

거실 위에 아이들이 사용할 복층 공간이 있어 최대한 경사를 살려 마감했다.

리모델링에 목재만큼 좋은 자재도 없다. 공학목재를 이용해서 긴 장선을 보강하고 패러램이라는 공학목재에 구조목을 고정시켜서 복층을 만들고 있다.

개조 후 - 거실

공학목재는 그대로 노출해서 최대한 층고를 높여서 마감했다. 목재를 노출하면 한옥의 보처럼 자연스럽고 단아한 인테리어 효과도 줄 수 있다. 복층으로 인해 천장이 너무 낮아지지 않도록 일부는 터서 시원해 보이게 하였다.

처음에는 거실 위 공간에만 복층을 만들어서 아들 형제가 사용할 수 있는 방을 만들 계획이었다. 하지만 50평대 집에서 20평대 집으로 이사를 오는 상황이다 보니 수납공간이 너무 부족했다. 물론 마당에 따로 창고를 만들 수도 있지만 난방이 제대로 되지 않는 창고는 곰팡이와 습기가 발생하기 때문에 옷이나 그릇 등을 보관하기에는 적합하지 않다. 결국 방 위로 복층을 만들고 창고로 활용하기로 했다.

마감을 하면 보이지 않는 부분이므로 이왕 공사를 시작한 김에 최대한 공간을 활용하기로 했다. 안방 위의 복층은 화장실 공간까지 걸쳐 만들고 일부는 터서 답답한 느낌을 없앴다. 사다리는 롤링 사다리를 설치해서 세웠다가 밀어 올리면 창고로 들어가게끔 했다. 좁은 공간에는 고정된 사다리를 만들기보다는 롤링 사다리를 만들어 사용하는 게 효율적이다. 작은방에는 천장형 접이식 사다리를 적용했다. 천장형 접이식 사다리는 천장에 설치되기 때문에 공간을 전혀 잡아먹지 않는다. 작은 집에서 천장과 지붕 사이 공간에 창고를 만들 때는 매우 유용한 아이템이다.

개조 중 - 안방 & 작은방

안방으로 쓰던 방은 황토미장으로 마감했다. 삼각지붕 꼭대기 부분이 제일 높은 부분이다. 이 공간에도 복층 공간을 만들기로 했다.

복층을 만들고 있다. 방은 일부만 오픈해도 넓어 보인다.

개조 후 - 안방 & 작은방

복층에 올라가는 계단은 레일 사다리를 설치해서 벽에 붙여놓았다가 사용할 때는 당기는 방식을 적용했다.

작은방에도 상부공간에 창고를 만들고 접이식 사다리를 설치했다.

작은방 창고는 넓고 높지는 않지만 창고로 쓰기에는 충분하다.

지붕은 기와지붕이었는데 콘셉트를 모던으로 잡았고 벽난로를 설치하기 위해서 천장에 구멍도 내야 했다. 또 천창을 만들기 때문에 일부 구조물도 철거해야 했다. 이런저런 이유로 기와를 걷어내야 했기 때문에 기와는 깔끔한 금속기와로 변경했다.

다락방에는 창을 낼 수 없기 때문에 천창은 필수였다. 천창을 만들면 굴뚝현상으로 뜨거운 공기가 천장으로 빠지기 때문에 환기와 온도조절에 큰 도움이 된다. 후에 다락방의 천창을 개방하면 청소할 때 생기는 먼지가 천창을 통해 하늘로 올라가는 것이 보일 정도로 공기의 흐름이 좋다.

개조 중 - 지붕

1 벽난로 시공을 위해서 지붕에 구멍을 냈다. **2** 지붕에 목구조로 상을 만들기 위해 준비하는 모습.
3 각재로 지붕 모양을 만들고 그 위에 금속기와를 얹는다. **4** 지붕과 콘크리트 사이에 공기층이 생기고 공기의 흐름을 만드는 환기구를 만들어주면 여름과 겨울철 단열에 도움이 된다.

개조 후 - 지붕

깔끔한 금속기와에 천창을 만들었다.

거실에서 다락으로 올라가는 계단이 필요했다. 처음에는 공간 활용을 위해서 접이식 사다리도 생각했지만 거실 다락방은 아이들의 방으로 사용되기 때문에 오르락내리락하기에 불편함이 없어야 했다. 주방과 욕실이 만나는 부분에 공간이 있어 그 공간을 최소화해서 계단을 만들기로 했다. 계단은 다양하게 활용할 수 있도록 계단 발판 자체를 수납공간으로 만들었다. 자작나무 합판은 강도가 매우 좋아서 계단 판재로 쓰기에도 훌륭한 제품이다.
아이들이 생활할 집이었기에 밝고 따뜻한 집을 가장 중요하게 생각했다. 집 구석구석에 천창을 만들어서 항상 햇빛이 드는 밝은 공간으로 만들었다. 또한 벽난로 연통이 다락방을 관통하도록 해서 벽난로의 열기가 다락방을 따뜻하게 데워주게끔 했다. 연통의 난방기능은 생각보다 훌륭하다.

개조 후 - 계단 & 다락

수납공간으로 만든 거실과 다락을 연결하는 계단. 난간 대신 기둥을 만들어서 뭔가를 거는 용도로도 사용할 수 있다.

1 아이들도 손쉽게 열 수 있는 천창.

2 침대를 두 개 놓을 수 있도록 주어진 공간에서 최대한 확장했다. 공간이 아늑해 아이가 깊은 잠을 잔다고 한다.

3 놀이방이었던 공간은 지금은 책상을 배치해서 공부에 집중할 수 있게 했다.

4 아이가 침대 앞 테이블에서 공부하는 모습.

인테리어 후 - 거실

벽난로는 거실의
분위기를 살리는
데도 한몫한다. 단,
많이 부지런해야
한다.

인테리어 후 거실 모습. 시골집 같지 않은 아늑한 거실이 되었다.

연통의 화력은 생각보다 좋다. 그냥 밖으로 노출시키지 말고 에너지를 최대한 집 안으로 들이는 것이 좋다.

지붕도 마무리하고 내부도 마무리되어갈 즈음, 집의 빨간 벽돌이 맘에 걸렸다. 물론 전 건축주가 시공해놓은 벽돌도 값싼 벽돌은 아니었다. 그래도 뭔가 2% 아쉬운 느낌을 지울 수가 없었다. 건축주에게 벽돌에 색을 칠해보는 건 어떻겠느냐고 제안했더니 약속이라도 한 것처럼 "안 그래도 흰색으로 칠하는 걸 생각하고 있었습니다"라는 답이 돌아왔다. "그럼, 고민하지 말고 흰색으로 칠하시죠!" 간단하게 결정을 내리고 테스트를 해보았더니 생각한 대로 더 깔끔해 보였다. 바로 작업이 개시되었다. '올 화이트' 도장!

개조 전 - 외관

시골에 가면 가장 많이 보는 빨간 벽돌집.

테스트로 칠해본 흰색 페인트, 생각보다 괜찮았다.
벽돌의 느낌은 그대로 살렸다.

현관 부분도 흰색으로 칠했다.

페인트 작업은 오래 걸리지 않는다. 페인트 작업보다 도장을 하기 위해서 창호 부분에 보양테이프를 바르는 작업에 더 많은 시간이 필요하다. 보양 작업을 끝내고 바로 페인트를 칠하기 시작. 신경이 쓰였던 외부 대문도 흰색으로 깔끔하게 칠했다. 간혹 흰색은 깨끗한데 때 탈까봐 못하겠다는 사람들도 있다. 하지만 그때는 쉬엄쉬엄 다시 칠하면 된다. 단독주택에 살기로 결심한 대부분의 사람들에게 간단한 페인트칠이나 마당 관리는 귀찮은 일이 아니라 집 꾸미고 사는 재미 중 하나이기 때문에 크게 걱정하지 않아도 된다. 주택에 살면서 이 정도의 관리도 하고 싶지 않다면 아파트 생활이 더 적합할지도 모른다.

개조 후 - 외관

외부 대문도 흰색 페인트를 칠했다.

페인트 도장 후 현관 모습.

마당을 정리하고 집 내부도 다 정리하고 보니 아담하지만, 활용도 높은 실용적인 집이 되었다. 다락의 일부는 창고로 활용하고 일부는 아이들 방으로 배치했다. 물론 여섯 가족이 살기에는 좀 좁게 느껴질 수도 있지만 대신 아이들이 맘껏 뛰놀 수 있는 넓은 마당이 생겼다.

개조 후 - 외관 & 마당

씽씽이를 타고 달리거나 공을 차기에
충분히 넓은 마당.

집을 짓거나 개조할 때는 여러 가지 고민을 한다. 모든 것이 충족되면 좋겠지만 현실적으로는 매우 힘들다. 우선순위를 정해 몇 가지에만 집중해야 한다. 100% 만족할 수 있는 동네와 집을 찾는 것은 굉장히 어렵다. 부부 사이도 취향과 성격이 완벽하게 잘 맞을 수는 없지 않은가? 대부분은 다르더라도 일부가 정말 잘 맞기 때문에 맞춰가며 잘 지내는 것처럼 집도 마찬가지이다. 모든 조건이 맞는 집을 찾아 일부만 개조해 들어가서 살기란 매우 어렵다. 왜 이 집으로 이사를 가야 하는지, 이 집으로 이사를 가야 하는 가장 중요한 이유가 무엇인지를 찾아보자. 텃밭을 원했다면 넓은 마당이 있는 집이어야 할 것이고, 주변에 건물이나 상가가 너무 많아 불편했다면 주위가 한적한 넓은 땅을 찾아야 한다. 아이들의 안전과 놀 공간이 우선순위라면 조금 외지더라도 차가 많이 안 다니는 곳이 제격일 것이다. 이 집에서 평생 살 수도 있고, 만약 아이들이 아직 어리다면 아이들이 고등학생이 되거나 성년이 되는 시점에 맞추어 또 이사를 가야 할지도 모른다.

집은 주거이다. 내가 이사를 가는 이유에 집중하자. 그러면 생각보다 쉽게 집을 찾을 수 있을 것이다. 아파트처럼 (이젠 아파트도 그렇지 않지만) '내가 이 집을 사고 고쳐서 나중에 팔 때 손해 보지 않고 팔 수 있을까?' 하는 생각으로 집을 찾기 시작하면 영원히 원하는 집을 찾을 수 없을지도 모른다. 집도 차다. 중고가 되면 조금 싸게 팔면 된다. 투자가 아니라면 수십 년 후의 집값까지 고민하지 말자. 내가 좋다고 생각한다면 분명 나 같은 생각을 가진 사람이 합리적인 가격에 인수할 것이다. 그리고 집값과 아파트값은 떨어져도 땅값은 떨어지지 않을 것이다.

완성된 집의 외관.

아이들에게 만들어준 또 하나의 선물,
흔들 그네.

Part 04

집, 지어 살기

집, 지어 살기

건축면적 64.86㎡(19평)에
지은 세 가족의 행복한 보금자리,
'집애가면 集愛家眠'

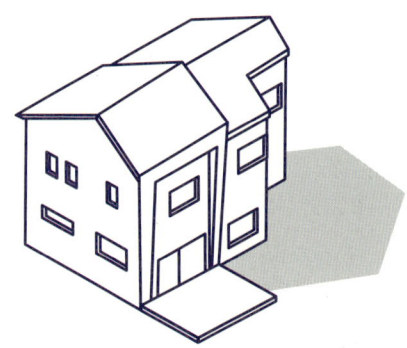

HOUSE DATA

가족구성	부부, 딸	**구조**	경량 목구조
대지면적	226.4㎡(68평)	**외장재**	기본 그래뉼 + 리얼징크 + 토레이 사이딩
건축면적	64.86㎡(19평)		
연면적	125.04㎡(37평)	**내장재**	실크벽지, 강마루
		신축 비용(본체)	2억 원

Intro.

충청도 아산에는 오랫동안 LH에서 분양을 해도 분양이 되지 않다가, 최근 단독주택 붐이 일어나면서 분양이 완료되어버린 택지가 있다. 사업을 운영하는 '집애가면' 건축주는 미스코리아 출신 판사를 꿈꾸는 딸과 함께 이곳에 즐거운 꿈터를 만들기로 했다. 부지는 시내에서는 좀 떨어져 있지만 초등학교도 가깝고 차로 마트를 오가기에도 무리가 없었다. 무엇보다 일터와 10분 거리에 있기 때문에 집을 짓기에 딱 알맞은 부지였다. 채광을 잘 받을 수 있는 부지를 골라 집을 짓기로 마음먹었다.

살아가기 편한 동선과 기능을 두루 갖춘 집 내부도 매우 중요하지만, 오가는 사람들 눈에 가장 먼저 띄는 외관도 못지않게 중요하다. 더욱이 이 집은 도로가 가까이 있어서 지나가는 사람들이 자주 보는 집이기 때문에 평범한 듯 평범하지 않은 집을 지으려고 하였다. 이래저래 외관에 대한 공사비가 조금 늘어나기는 했지만 중간 징크 처마라든지 현관 처마 등 많은 돈을 들이지 않고도 포인트가 되는 요소가 있어서 집의 외관이 심심하지 않다.

외관입면

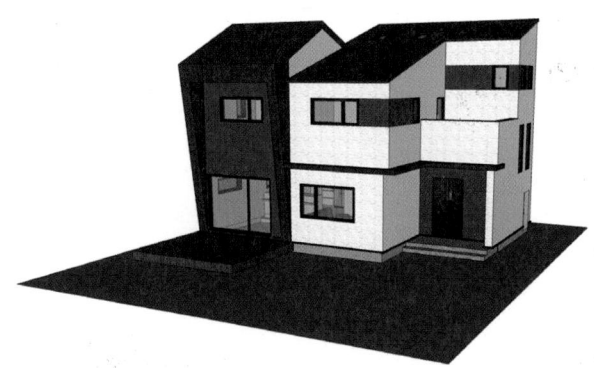

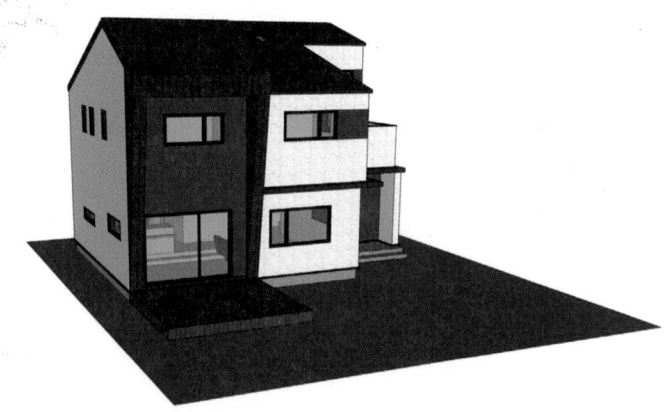

리얼징크와 토레이 사이딩으로 포인트를 주었다. 공사비를 절감하기 위해 박스 형태로 설계하고, 기능에 충실한 집을 짓기 위해 노력하였다.

현관 출입구는 자주 보는 곳이라 오염이 되지 않는 세라믹 사이딩과 기능이 뛰어난 수입현관문을 설치하였다.

내부 거실은 하나의 공간으로 만들었다. 물론 1층에 방이 하나 있으면
유용하게 활용할 수 있다. 부모님이나 친인척이 왔을 때 내주어도 좋고,
작업실 등 필요한 용도로 사용할 수도 있다. 여러모로 좋지만 그러려면
집이 커져야 한다. 이 집의 경우 1층이 64.86㎡(19평) 정도로 아담하다.
그래서 계단실과 화장실을 제외하고는 전부 터서 더 넓어 보이게 하고
싶었다. 패러램이라고 부르는 공학목재로 벽체 없이 전체를 오픈해서
작업하였고 좀 더 시원해 보이게 하려고 거실과 주방 공간을 분리하고
단 차이를 주었다. 이렇게 하면 층고가 높아진 만큼 거실 공간이 더 넓어
보인다. 거실에 단 차이가 있으면 생활할 때 불편할 수도 있다. 하지만
아직 젊은 부부이고 아이도 어리기 때문에 불편하기보다는 오히려
공간에 활력을 불어넣으리라 생각했다. 여기에 패러램이 거실 한가운데를
가로지르고 있어 더 넓은 느낌을 준다.

1층 평면도

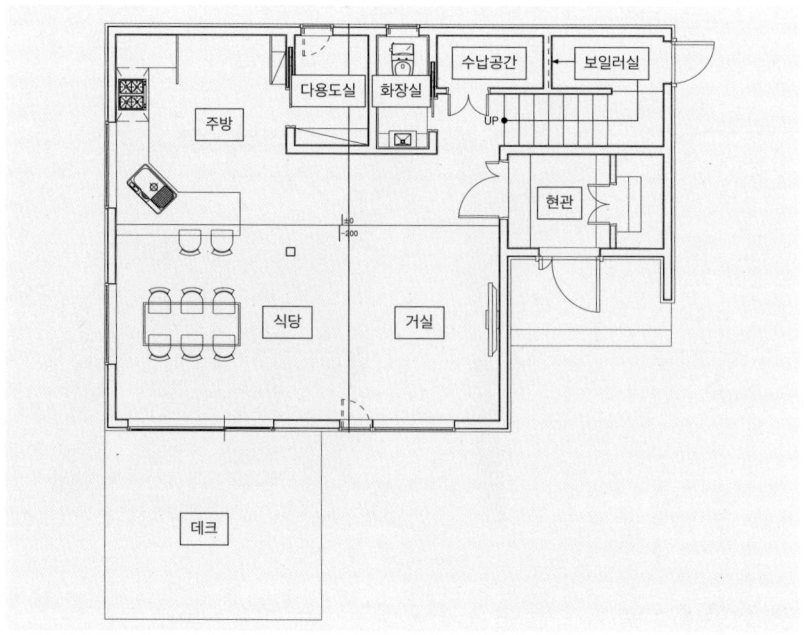

거실과 주방에 단 차이를 주어서 공간을 분리하였다.

가구를 배치하고 소파 뒤에 테이블과 의자를 놓았는데 딱 야구장에 있는
VIP석이 생각이 났다. 맥주와 치킨을 시켜놓고 야구나 영화를 시청하기
아주 좋은 자리이다. 집 짓기는 이처럼 내가 하고 싶은 것, 갖고 싶었던
공간을 실현하는 과정이다. 평소 소망하던 공간을 마음대로 상상하고
구현해낼 수 있다. 물론 예산이라는 현실 앞에서 생각과는 다르게 구현되는
경우도 많지만.

1 거실을 트면서 집이 넓어 보이는 효과를 주기 위해 공학목재를 사용했다. 중간에 벽체 없이 기둥 하나로만 버틸 수 있도록 설계하였다.

2 거실의 층고가 상대적으로 더 높기 때문에 더 넓어 보인다.

3 거실에 둔 테이블은 맥주 한잔 마시면서 야구나 영화를 시청할 수 있는 관전 테이블이 되었다.

공간이 충분히 넓은 집이라면 주방과 거실을 분리할 수 있지만, 이 집처럼 활용할 수 있는 공간이 넉넉하지 않다면 최대한 개방해서 넓어 보이게 하는 것이 좋다. '집애가면'은 현관문을 열고 들어와서 중문을 열었을 때 최대한 개방감을 느낄 수 있도록 하였다.

요즘에는 주방이 집에서 매우 중요한 공간으로 자리 잡고 있다. 옛날에는 주방이 어머니가 가정을 위해서 일하는 공간 정도로 생각됐다면, 이젠 가족이 모이고 대화를 나누는 공간으로 변하고 있기 때문에 많은 점을 고려해서 설계해야 한다. 가족이 모이는 공간인 만큼 창을 내서 밝게 하고, 요리 공간에는 환기창을 두어 바람이 잘 통하게 해준다. 주방에서 가장 특이한 점은 개수대를 코너로 배치했다는 것이다. 개수대는 채소를 씻을 때도 설거지를 할 때도 기타 다른 요리를 할 때도 자주 사용한다. 그래서 가운데에 배치함으로써 사용이 편리하게 하였다.

다용도실에는 따로 가구를 만들지 않고 목조주택의 장점을 살려 원목 나무를 그대로 선반 짜듯이 짜서 팬트리로 활용하였다. 물건도 보관하고 가까운 곳에 슈퍼가 없기 때문에 장을 본 뒤 식자재를 보관하는 공간으로 사용할 수도 있다.

요즘은 등에 대한 생각도 많이 바뀌고 있다. 예전에는 방마다 등을 하나씩 설치하고 거실에도 화려한 등을 하나 설치하는 식이었다면, 이제는 매입등으로 최대한 단순하게 가고 포인트는 벽등으로 많이 한다. "SIMPLE IS BEST" 라는 말이 이젠 집에도 많이 통용되고 있다. 깔끔한 인테리어에 소품으로 집을 디자인하는 것이 요즘 주택 디자인의 추세이다.

현관 중문을 기준으로 거실과 주방이 나뉜다.

주방은 거실보다 30cm 정도 바닥이 높다.

주방은 동선이 편하도록 ㄱ자로 배치했다.

상부장을 가득 채우지 않고 꼭 필요한 만큼만 설치했다. 상부장이 가득 차 있으면 주방이 답답해 보인다. 환기를 위해 가로 슬릿창을 설치했더니 주방이 환해져서 일석이조.

공간 활용을 위해서 코너에 개수대를 설치하였다. 생각보다 굉장히 편하다.

가로로 길게 낸 창에 크기별로 나란히 앉아 있는 인형들이 귀엽다. 비싼 자재를 붙여 화려하게 인테리어하는 것보다 소품을 활용한 인테리어가 더 잘 어울린다.

목조주택이기 때문에 공간 활용이 용이하다.
계단실 하부공간을 창고로 사용한다.

원색 문을 설치하여 포인트를 주었다.

주방 옆에 위치한 다용도실은 나무로
선반만 짜서 팬트리로 활용한다.

처음부터 피아노 둘 곳을 계획하고 집을 지었더니 피아노, 조명, 그림이 다 같이 어우러져 멋스럽다.

설계를 할 때는 동선을 많이 생각한다. 1층은 최대한 개방감을 주기 위해서 방이 없는 구조로 설계했고 화장실도 욕실이 없는 형태로 공간 사용을 최소화했다. 그래서 샤워 등 씻는 과정이 모두 2층에서 이루어지는데 이런 구조에서 세탁기가 1층 주방 옆에 있다면 동선이 너무 길어질 것 같았다. 그래서 복도 끝에 작은 세탁실을 만들었다. 선반을 만들어 세제 등도 올려놓을 수 있게 했고 하단에는 드럼세탁기를 설치하고 그 위에는 가스건조기를 설치해서 바로 말리는 과정까지 한번에 끝낼 수 있도록 했다. 그러면 샤워를 하고 바로 세탁실에 옷을 갖다 놓고 그 자리에서 빨래와 건조까지 끝낼 수 있다.

맞벌이 부부들은 세탁하는 시간을 내는 것도 쉽지 않다. 밤늦게 세탁기를 돌릴 수 없는 아파트에서는 주말밖에 세탁을 할 시간이 없다. 주택에 살 때는 밤이건 낮이건 새벽이건 언제든 원하는 시간에 세탁기를 돌릴 수 있다. 게다가 바깥에 널어서 말릴 필요 없이 상단 가스건조기에 넣으면 바로 말릴 수 있으니 삶이 좀 더 편리해졌다고나 할까? 이런 소소한 즐거움이 모여 행복이 되는 게 아닐까?

1층 화장실은 손님이 왔을 때나 볼일 볼 때만 사용한다. 샤워 공간 없이 변기만 배치했다.

세면대도 손만 씻을 수 있는 작은 세면대를 설치했다.

이케아에서 사 온 소품들이 여기저기 설치되어 있다.

1 계단실은 세로로 길게 채광창을 내서 항상 밝다.

2 2층에 만든 작은 테라스는 온실도 되고 빨래를 말리는 장소도 된다.

3·4 세탁실을 복도 끝에 배치하니 2층에서 샤워를 하고 옷을 1층으로 가지고 내려가는 불편함이 없다. 세탁실 내부에는 세탁기를 배치하고 상단에 건조기를 배치할 예정이다.

대개 아이방 인테리어를 할 때 지금 나이에 맞춰 인테리어를 하자니, 금방 클 텐데 어느 수준에 맞춰서 인테리어를 하는 게 좋은지 고민이 많아진다. 하지만 깊이 고민할 필요가 없다. 지금 집을 짓는 가장 큰 이유 중 하나가 아이의 행복이기 때문이다. 그래서 벽지를 고를 때는 아이에게 선택권을 줘도 좋다. 그러면 딸은 거의 90% 이상 분홍색을 고른다. 뭐 어떤가? 몇 년 뒤에 벽지만 교체해주면 간단하게 해결될 일이다. 벌써부터 5~6년 뒤를 대비하지는 말자. 지금 당장 아이가 좋아한다면 그걸로 만족하면 된다.

화장실은 욕실 없이 시공하는 경우도 많다. 하지만 강아지를 키운다거나 반신욕을 즐긴다면 욕조가 필요하다. 욕조를 들이려면 자연스럽게 욕실이 커져야 하고 금액도 올라가므로 가족의 라이프스타일을 잘 생각해보고 결정해야 한다.

2층 평면도

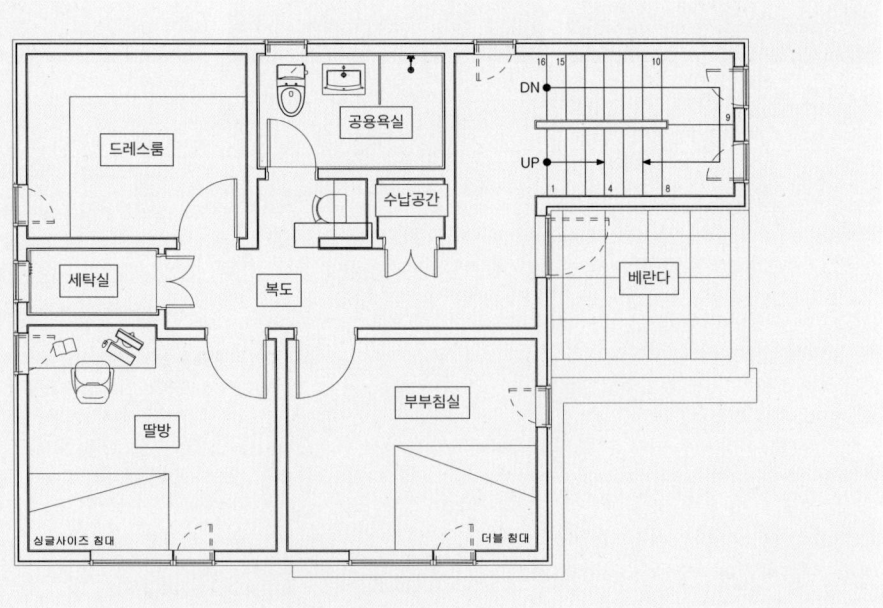

미스코리아 출신 판사를 꿈꾸는 딸을
위한 분홍색 인테리어.

아이방은 침대와 벽지 모두 딸의 취향에 맞췄다. 물론 아이가 성장하면 다시 한 번 인테리어를 해야겠지만. 스위치까지 예쁘게!

요즘 단독주택에는 다락을 포함한 설계가 거의 필수라 해도 과언이
아닐 정도이다. 다락은 활용도가 높기 때문에 예산을 초과하지 않는
한도 내에서 최대한 넓게 만드는 것이 좋다. 다락을 만들어두면 손님이
왔을 때는 게스트룸이 되고 조용히 따로 모여서 술을 한잔 할 수 있는
공간도 되고 뭔가 집중할 수 있는 공간이 되기도 한다. 여기에 덧붙이자면
천장이 낮으면 집중력이 높아지고 천장이 높으면 창의력이 좋아진다는
연구결과도 있다.

다락평면도

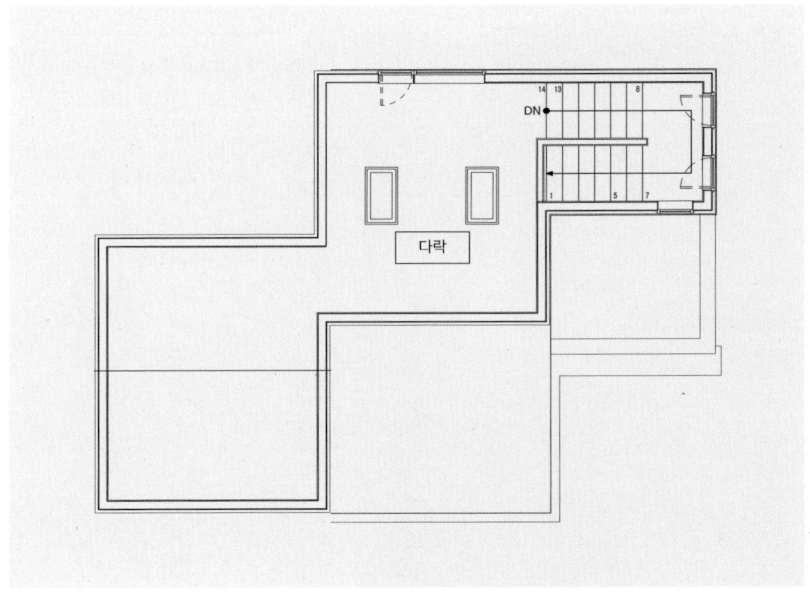

다락공사를 막 시작할 때는 계단 올라가자마자 있는 공간이 전부였다. 하지만 하다 보니 욕심이 생겼다. 다락을 좀 더 넓게 만들 수 있는 공간이 있는데 일부만 활용하는 것이 아까웠다. 그래서 개구멍을 통해서 들어가는 또 하나의 다락방을 만들었다. 지금은 예쁜 딸의 놀이방으로 쓰고 있다. 장난감을 가지고 놀다가 그대로 두어도 상관없고, 레고를 만들다가 멈춰도 그대로 두면 된다. 굳이 치울 필요가 없다. 손님이 찾아와도 쉽게 찾아볼 수 있는 공간이 아니므로 다락방은 철저히 사적인 공간으로 사용할 수 있다. 이처럼 다락방은 아이와 부모 모두에게 추억이 될 뿐 아니라, 단열이 잘되어 있다면 추울 땐 집을 따뜻하게, 더울 땐 시원하게 해주는 기능도 있다.

계단실에서 바로 다락으로 이어지는 계단이 있다.

다락방이 있고 개구멍을 통해서 또 하나의 다락방이 있다.

개구멍을 통해서 들어오면 아지트가 있다. 아이만의 완벽한 놀이공간이다!

다용도로 사용 가능한 차고가 딸린 집
'가인재 佳人齋'

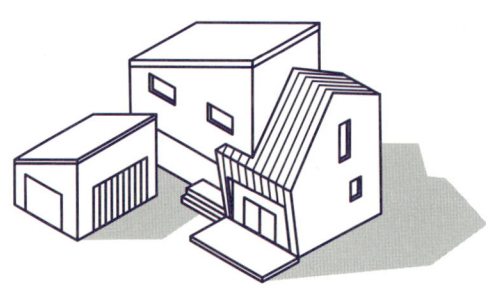

HOUSE DATA

가족구성	부부, 1남 1녀	구조	경량 목구조
대지면적	249.7m²(75평)	외장재	기본 그래뉼 + 리얼징크 + 토레이 사이딩
건축면적	105.17m²(31평)		
연면적	140.46m²(42평)	내장재	실크벽지, 강마루
	다락 13.94m²(4평)	신축 비용(본체)	2억 2천만 원

Intro.

가인재의 건축주는 공항 관련 업무에 종사하고 있던 터라 평소 근무지와 가까운 곳으로의 이전을 계획했다. 그래서 찾은 곳이 영종도이다. 영종도는 택지로 분양한 곳도 많고 아무래도 섬이다 보니 주말에도 평화롭고 평일에도 실제 거주하는 사람 외에는 통행이 거의 없는 곳이다. 직장에서 돌아와 편히 쉴 수 있는 집을 원하는 사람들에게 적합한 곳이다. 인프라가 아직 부족하기는 하지만 공항철도가 있어 서울에 나가려면 충분히 나갈 수 있고, 차가 있다면 도심지로 나가는 것도 그리 어렵지 않다. 위치상 아무래도 공항에서 일을 하는 사람들이 이주를 많이 하고 있다. 또한 과학고 같은 명문 고등학교가 자리하고 있기 때문에 학군도 나쁘지 않다고 판단해서 땅을 보고 집을 짓기로 마음먹었다. 이 집의 건축주는 예산에 맞춰서 집을 짓는 것도 중요하지만, 집을 지을 때 꼭 하고 싶은 것이 있었다. 마당에 차고로도 활용할 수 있고 평소엔 카페나 취미공간으로도 사용할 수 있는 다용도 공간을 두는 것이다. 고민에 고민을 거듭하다가 결국 만들기로 결정. 덕분에 마당에 예쁜 카페 같은 공간을 얻을 수 있었다.

설계를 하면서 가장 중요하게 생각한 공간은 차고와 마당이었다. 작지도 크지도 않은 땅이지만 1층에 필요한 공간들을 배치하고 법적으로 정한 이격거리를 지켜 공사를 하고 나면 실제로 마당 공간이 거의 나오지 않는 경우가 많아서 배치가 중요했다. 집은 북쪽으로 밀고 차고는 도로에서 바로 진입을 해야 하기 때문에 도로에 최대한 붙여서 작업하였다. 집을 지을 때는 마당이 좀 작아 보였지만 완성될 즈음에는 작은 텃밭도 나오고 나무를 심고도 여유 공간이 있었다. 차고가 햇빛을 가리지 않도록 서쪽에서 동쪽으로 경사가 지도록 차고의 지붕도 변경했다. 거실 쪽은 최대한 빛을 받을 수 있도록 하되 처마는 지붕과 함께 조화를 이루도록 해 처마 역할도 하고 인테리어 효과도 줄 수 있었다.

외관입면

집과 차고가 잘 어우러져 분위기 좋은
카페처럼 완성되었다. 마당도 생각보다
넓게 나와서 강아지와 뛰어놀기
충분하다.

거실 창 위로 처마를 만들되 집의 디자인과
어울리도록 지붕에서부터 이어지는 처마를
만들었다.

차고로도 사용하고 폴딩도어를 열면 카페처럼
사용할 수도 있다.

폴딩도어를 전체 개방하면 마당과 바로 연결된다. 내부 마감은 간단하게 하고 차량 주차도 가능하도록 테이블과 의자는 전부 이동식으로 배치하였다.

다용도실에서 나가는 문은 환기가 잘되도록 창호가 열리는 문을 설치하였다.

한쪽에 해먹을 설치했다. 차고가 시야를 가려주어 편하게 쉴 수 있다.

이 집에는 아주 예쁜 반려견, 웰시 코기 한 마리가 같이 사는데 강아지 집을 따로 만들지 않고 차고의 한 부분을 이용해서 들어가는 입구를 만들어 집처럼 드나들 수 있도록 했다. (혹시라도 살이 많이 찌면 못 들어가는 건 아닐지 걱정이 된다.) 마당이 있으면 외부에 꼭 수전이 있어야 한다. 텃밭도 가꾸고 아이들이 마당에서 흙장난을 하고 집에 들어올 때 발과 손에 묻은 흙을 쉽게 털어내고 손도 씻으려면 외부에 수전이 있는 게 여러모로 편리하다. 외부 수전은 현관 입구 한쪽에 만들어놓으면 아주 유용하게 사용할 수 있다. 마당에는 크리스마스트리용 나무도 한 그루 심었다. 실제 크리스마스에는 트리로도 사용하는데 퇴근할 때마다 반짝이는 트리를 보면 기분도 덩달아 좋아질 것이다.

차고에 개구멍을 만들어서 강아지 집으로 만들었다.

외부 수전은 자갈을 깔아서 자연스럽게 배수가 된다. 외부에서 작업하고 들어올 때 편하게 씻을 수 있어 유용하다.

마당 한편에 자리하고 있는 크리스마스트리용 나무.

현관은 자주 보고 사람의 손이 자주 닿는 곳이라 오염이 잘되지 않는 고급자재를 선택하였다.

필자는 층고가 높은 거실을 추구하는 편이다. 좁은 면적일수록 층고를 높게 하면 집이 넓어 보이는 효과가 있다. 하지만 대부분의 사람들이 거실이 높으면 춥고 공사비가 많이 들어간다고 생각해 아파트와 똑같은 층고로 짓기를 원한다. 옛날 집들이 소위 '웃풍이 센' 이유는 단열공사가 제대로 안 되어 있기 때문이다. 집을 데우는 데 시간이 조금 더 걸릴 뿐 층고가 높다고 특별히 더 춥지는 않다. 대개 빌라가 더 좁아 보이는 이유는 아파트보다 층고가 낮기 때문이다. 층고가 높으면 집이 넓어 보이는 장점도 있지만 개방감이 주는 안락함도 느낄 수 있다. 2층까지 완전 개방된 공간을 만들어도 아파트보다 따뜻하게 집을 지을 수 있다.

또한 아파트처럼 TV 뒤에 아트월이 들어가고 벽체와 천장이 만나는 부분에 화려한 몰딩을 넣으면 오히려 집 전체의 통일감을 저해할 수도 있다. 소품과 하얀색 벽지만으로도 집의 분위기를 한껏 살릴 수 있다. 거실 벽체에 대리석을 붙이고 간접등을 다는 경우도 많은데, 오히려 거실의 공간이 좁아 보일 뿐 아니라 대부분의 사람들이 시간이 지날수록 아트월에 쉽게 질려 한다. 오히려 벽지 색깔로 포인트를 주는 게 효과적인 경우가 많다.

가인재의 경우 아빠를 위한 전용공간인 서재를 따로 만들었다. 집을 지을 때는 모든 건축주가 나만의 방을 만들고 싶어 한다. 하지만 막상 예산을 짤 때 가장 먼저 포기하는 공간이 아빠방이다. 이럴 때는 아이가 성장해서 독립할 경우를 대비해 추후 아빠방으로 사용이 가능하도록 설계하는 것도 방법이다. 대부분의 사람들은 자신이 좋아하는 일을 할 때는 자신만의 공간에서 오롯이 작업에만 집중하고 싶어 한다. (필자 역시 프라모델을 만든다든지 주택 모형을 만들 때는 나만의 공간에서 온전히 집중하고 싶으니까.) 가인재의 1층에 자리한 서재가 바로 그런 곳이다.

1층 평면도

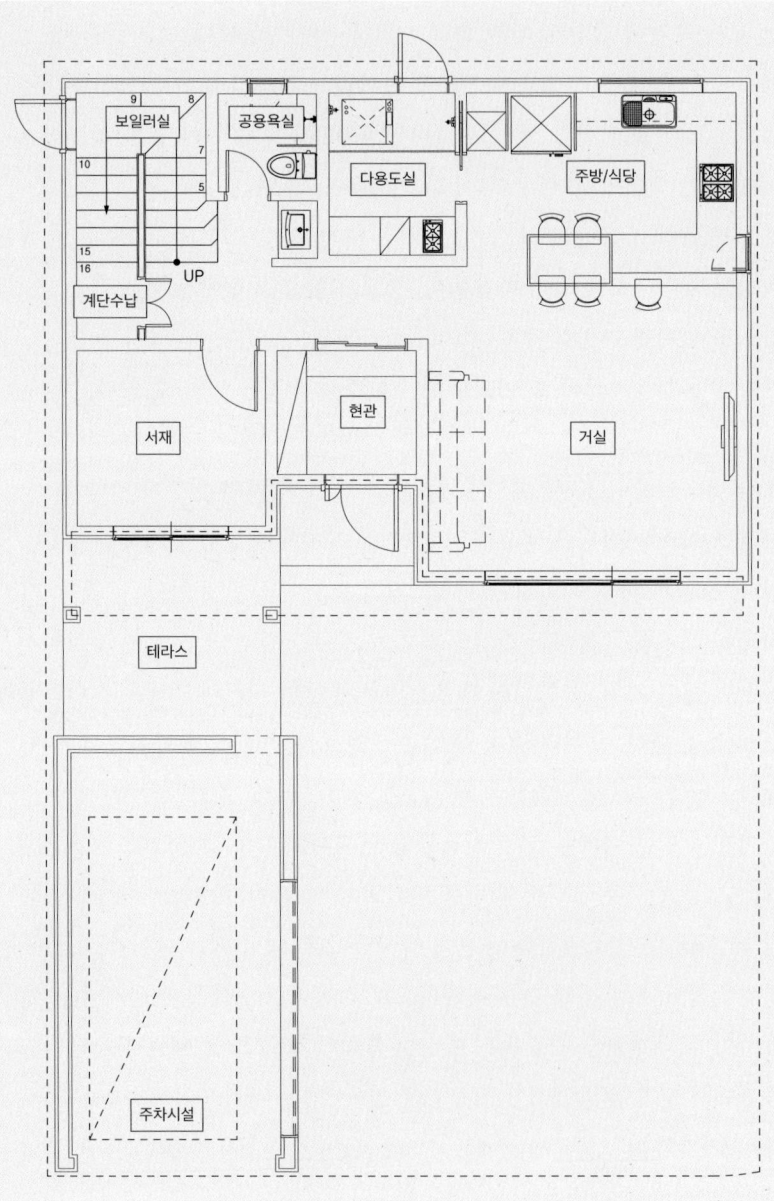

거실의 층고가 높아서 집이 더 넓어 보인다. 복도보다 더 높게 만들었다.

화려한 아트월 없이 하얀색 벽지와 매립등만으로 깔끔함을 살린 거실.

때론 소품이 비싼 돈을 들여 붙이는 마감재보다 훨씬 뛰어난 인테리어 효과를 발휘한다.

미리 전기 배선에 대해서 계획을 세우고 집을 지으면 사진처럼 TV만 보이는 깨끗한 거실 벽을 만들 수 있다.

아빠만의 공간인 서재, 아이들 공간을 더 할애하다 보면 가장 먼저 포기하는 공간인데 가인재는 예산 면에서 잘 타협하여 서재를 만들었다.

사람들마다 다르긴 하지만 불을 끄고 켜는 것에 민감한 사람들이 있다. 가인재 욕실에는 유리타일을 설치하였다. 색유리를 설치해서 욕실 불을 켜면 연두색과 빨간색이 환하게 비치고, 욕실에 사람이 있는지 없는지도 확인할 수 있다. 대신 유리타일을 너무 낮게 설치하면 안 된다. 물이 고이면 누수의 위험이 있기 때문이다.

2층 평면도

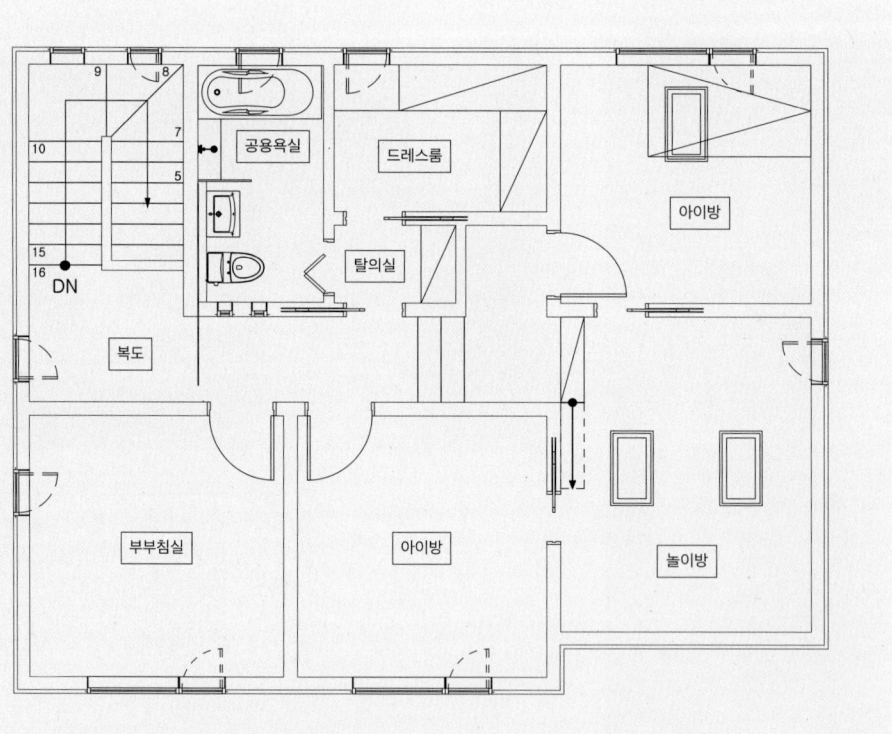

욕실에 유리타일을 시공하였다. 복도에서 보면 욕실에 불이 켜져 있는지 확인할 수 있다.

욕실은 따뜻하면 좋겠지만 항상 난방을 하면 에너지 낭비가 심하기 때문에 열등을 설치하였다.

이 집의 특징 중 하나는 바로 놀이방이다. 아이들 방에서 바로 들어갈 수 있도록 작은 문을 달았다. 방에서 잠을 자고 공부를 한다면 작은 문을 통해서 들어오는 놀이방은 말 그대로 놀이방이다. 레고를 조립하다가 그냥 두어도 되고 해먹을 걸어놓고 잠을 자도 된다. 남쪽으로 천창을 설치해 하루 종일 빛이 들어오는 따뜻한 공간으로 만들었다. 청소를 자주 할 필요도 없다. 그래도 날 잡아서 한번쯤은 청소를 해야겠지만.

아이방에서 작은 개구멍으로 연결되어 있는 놀이방. 천창을 달아서 항상 환하고 따뜻하다.

놀이방은 치우지 않아도 되는 방이다. 언제든지 내키면 가서 놀 수 있는 방. 문만 닫으면 된다.

놀이방 입구. 나무를 연상해서 만들었다. 놀이방으로 들어가기 전에 있는 계단, 바로 저 높이만큼 1층 거실이 높아졌다.

아이방의 층고는 지붕 모양대로
마감해서 개방감이 좋다.

세탁실은 1층에 있고 모든 생활공간은 2층에 있기 때문에 동선을 고려해서 리넨슈트를 만들었다. 리넨슈트는 간단하다. 구멍을 만들어서 2층에서 던지면 1층 세탁실로 빨래가 모이도록 하는 것이다. 이렇게 하면 동선이 확 줄어든다. 정확히 말하면 엄마의 동선이 줄어든다. 요즘 설계는 주부 동선을 많이 생각한다. 엄마가 행복해야 모든 가족 구성원이 행복하기 때문이다.

집을 짓는 것은 일생일대 최고의 투자이자 최고의 행복이다. 자재를 고를 때 흔히 농담처럼 하는 이야기 중 하나가 살면서 인생 최고, 최대의 쇼핑을 하고 있다는 이야기이다. 거의 전 재산에 가까운 돈을 투자하는 만큼 자재 선택에 신중할 수밖에 없고, 그만큼 스트레스도 받을 것이다. 이럴 때는 원 없이 돈을 쓰며 인생에서 가장 즐거운 시간을 보내고 있다고 생각하면 마음이 편하다. 내가 어릴 때부터 꿈꿔왔던 공간들을 만들고 그 만들어진 공간에서 생각했던 일들을 하나씩 하다 보면 저절로 집을 지은 보람과 기쁨을 만끽하게 될 것이다.

샤워는 2층에서 하지만 세탁실이 1층에 있어서 동선을 줄이기 위해 리넨슈트를 설치했다. 빨랫감을 구멍으로 던지면 세탁실 바구니로 떨어진다.

1 세면대는 분리해서 사용한다. 손만 씻고 싶을 때가 더 많기 때문이다.

2 계단은 난간을 터서 개방감을 주었다.

3 거의 모든 등이 매립등이지만 계단에는 포인트로 토성등을 달았다.

4 환기를 위해서 세로 슬릿창을 설치했다.

5 설계 시부터 계획을 잡으면 이렇게 매립된 선반을 만들 수 있다.

아이들에게 주는 선물
'톡톡하우스'

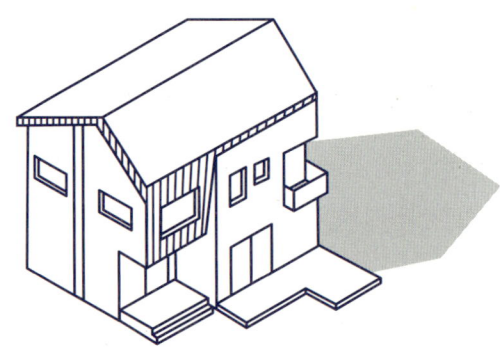

--- **HOUSE DATA** ---

가족구성   부부, 장난꾸러기 큰아들, 절세미녀 딸

대지면적   210㎡(63평)

건축면적   80.96㎡(24평)

연면적   145.87㎡(44평)

구조   경량 목구조

외장재   기본 그래뉼 + 리얼징크 + 세라믹 사이딩

내장재   실크벽지, 강마루

신축 비용(본체)   2억 1천만 원

Intro.

톡톡하우스의 건축주는 바쁜 직장생활 때문에 땅을 사놓고도 집을 지을 엄두는 내지 못하고 있었다. 그러다가 더 늦어지면 안 되겠다는 생각에 팔을 걷어붙이고 집을 짓기로 마음을 먹었다. 많은 회사와 미팅도 하고 전국 모델하우스를 구경 다니면서 틈틈이 공부도 했지만 막상 시작하려니 두려움이 앞섰다. 예산도 맞춰야 하고 한 번 지으면 다시 개조하기도 쉽지 않은지라 조심스러운 게 한두 가지가 아니었다. 하지만 더 미루면 아이들이 성장한 뒤라 단독주택에서 살면서 추억을 만들 시간이 없을 것 같았다. 장난꾸러기 아이들이 마음 놓고 뛰어다닐 공간을 빨리 만들어야겠다는 생각으로 집 짓기에 뛰어들었다.

톡톡하우스는 규모는 다른 집보다 커 보이지만 박스 형태의 설계로 비용을 아낄 수 있었다. 도로와의 단 차이가 약간 있기 때문에 외부 현관 출입구와 마당의 높이를 달리해서 마당을 높이고 조경석을 예쁘게 쌓아서 공간을 분리해주었다. 덕분에 아담하지만 한층 마당다운 마당을 가질 수 있었다. 안 그러면 마당이 약간 경사지기 때문에 평평한 마당이 될 수 없다. 용이한 관리를 위해서 돌로 외부 테라스를 마감하였고 난간도 영구히 변하지 않는 자재를 선택하였다. 노후에 시골에 들어가 살면서 집주인이 직접 하나하나 관리하는 재미도 쏠쏠하지만, 앞으로도 오랫동안 직장생활을 해야 해서 집을 관리할 여력이 없는 상황이라면 집을 지을 때 관리가 용이한 자재를 선택하는 것이 좋다.

외관입면

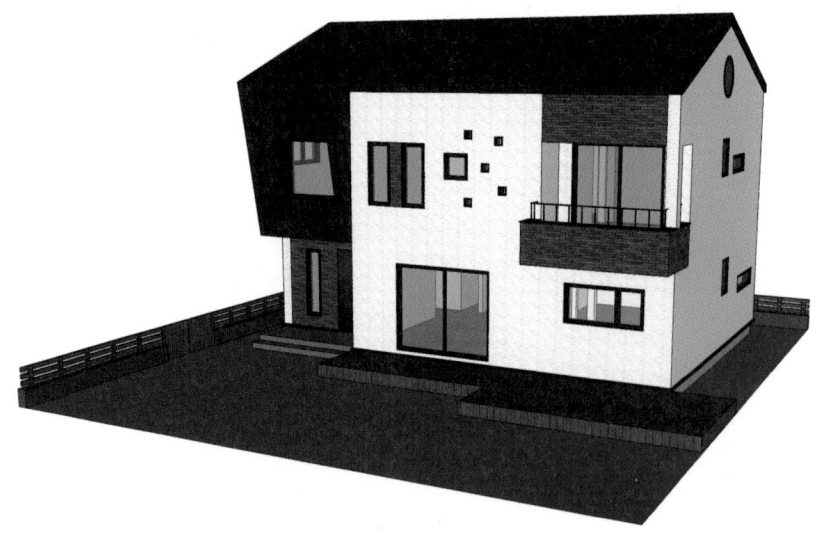

외부에는 색유리타일을 넣어서 밤에는 다양한 빛이 나오도록 포인트를 주었다. 요즘에는 외부에 따로 창고를 만들지 않고 코스트코에서 파는 창고를 만들어 공구 등을 따로 보관하는 사람들이 많다. 성인 2명이 만들면 금방 만들지만 혼자 만들면 시간이 조금 걸린다. 하지만 잡아주는 사람이 있고, 프라모델을 조립해본 경험이 있다면 쉽게 만들 수 있다.

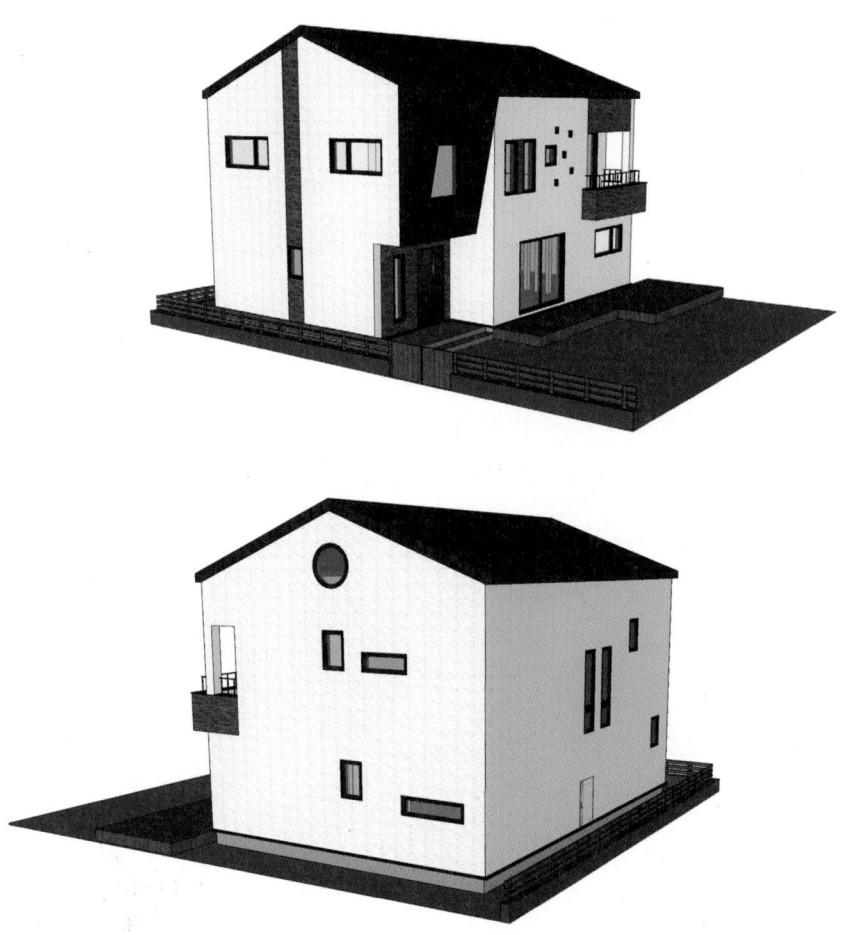

2층 아이방은 윈도 시트 개념의 돌출 창호이다.

설계에서 가장 효율적인 설계는 사각 박스 형태의 집이다.

맞벌이 특성상 집 관리에
시간을 많이 할애할 수
없어서 합성목재로 난간을
만들었다.

마당의 높이를 약간 높여서 조경석을 쌓았다. 날씨가 좋은 날에는 마당에 해먹을 설치해 놀 수도 있다.

요즘에는 외부 창고를
따로 만들지 않고
대형마트에서 구매한
창고를 조립해서 사용하는
경우가 많다.

밤에는 유리타일을 통해서
다양한 색이 비친다.

단독주택을 지을 때 가장 많이 고민하는 것 중 하나가 벽난로다. 벽난로는 주난방으로는 무리가 있지만 보조난방으로서의 기능은 충분히 해낸다. 거실이 오픈되어 있다면 더욱 효과를 발휘한다. 조금 괜찮다 싶으면 가격이 수백만 원이 넘는 고가가 많다는 게 단점이지만, 인테리어 효과도 있고 요즘에는 벽난로에 오븐 기능도 있어서 겨울이면 고구마를 구워 먹는 재미도 있다.

1층 평면도

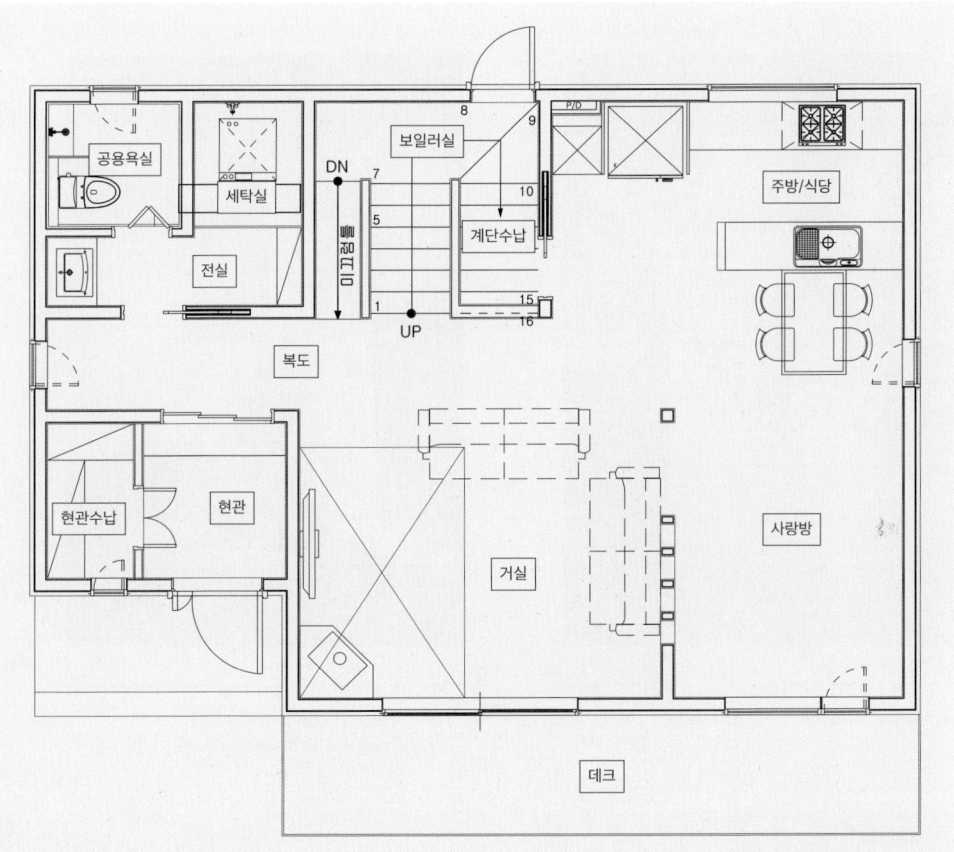

어린아이를 둔 가족의 경우 미끄럼틀에 대한 고민도 한다. 물론 시간이 흘러 아이들이 청소년이 되고 나면, 사용할 일이 거의 없으니 효율성을 두고 고민이 되겠지만 앞에서도 말했듯이 그건 그때 가서 고민해도 된다. 나중에는 미끄럼틀을 두었던 공간을 막아서 창고로 쓸 수도 있고, 책장을 만들어도 된다. 톡톡하우스에도 두 아이를 위해 계단 옆에 작은 미끄럼틀을 만들었다. 길이가 짧아서 재미는 덜하겠지만 아이들에게 좋은 추억을 만들어주기에는 충분하다.

와인색 현관 중문으로 포인트를 주었다.

거실 한쪽에 벽난로를 설치했다. 연통 덕분에 난방에도 도움이 된다. 벽난로는 인테리어 효과도 있다.

1 거실 한쪽에 피아노와 탁자를 두어 별도의 공간을 만들었다. 지금은 거실과 같이 있는 공간이지만 추후에는 막아서 방으로 사용할 수도 있다. **2·3** 거실, 주방이 모두 연결되는 구조이다. 거실을 터서 개방감을 극대화했다.

계단 한쪽에 미끄럼틀을 두었다. 종종 어른들이 미끄럼틀을 이용해 뛰어올라가기도 한다.

벽에는 곳곳에 선반을 만들어서 사진이나 작은 장식품을 전시할 수 있다.

집에서 가장 중요한 공간 중 하나가 가족이 모여 소통할 수 있는 공간이다. 가족이 모일 수 있는 공간으로 영화관도 만들고 가족과 함께 책을 보는 공동의 서재를 만들기도 한다. 톡톡하우스 2층에는 계단식 서재를 만들었다. 이 계단에 앉아 맞은편 흰 벽에 노트북에 연결되는 빔을 쏘면 작은 영화관이 된다. 많은 사람들이 집 짓기에 대한 로망을 갖는 이유 중 하나가 바로 이런 데 있지 않을까. 하고 싶은 것, 공유하고 싶은 것을 같이 할 수 있는 공간, 이런 공간을 만들어 집 안에서 가족과 온전히 시간을 나눌 수 있다면 그만한 기쁨과 행복이 또 어디 있겠는가. 또한 아이들을 위해 무언가 해줄 수 있다는 뿌듯함도 느낄 수 있다.

2층은 전체적으로 공간을 터서 1층과 소통할 수 있도록 만들었다.

톡톡하우스의 1층에 자리한 거실과 주방이 식구들과 낮시간을 함께 보내는 공간이라면, 2층의 가족실은 저녁시간을 함께 보낼 수 있는 공간이다. 물론 아이들의 놀이방이자 공부방이 될 수도 있다.

2층 평면도

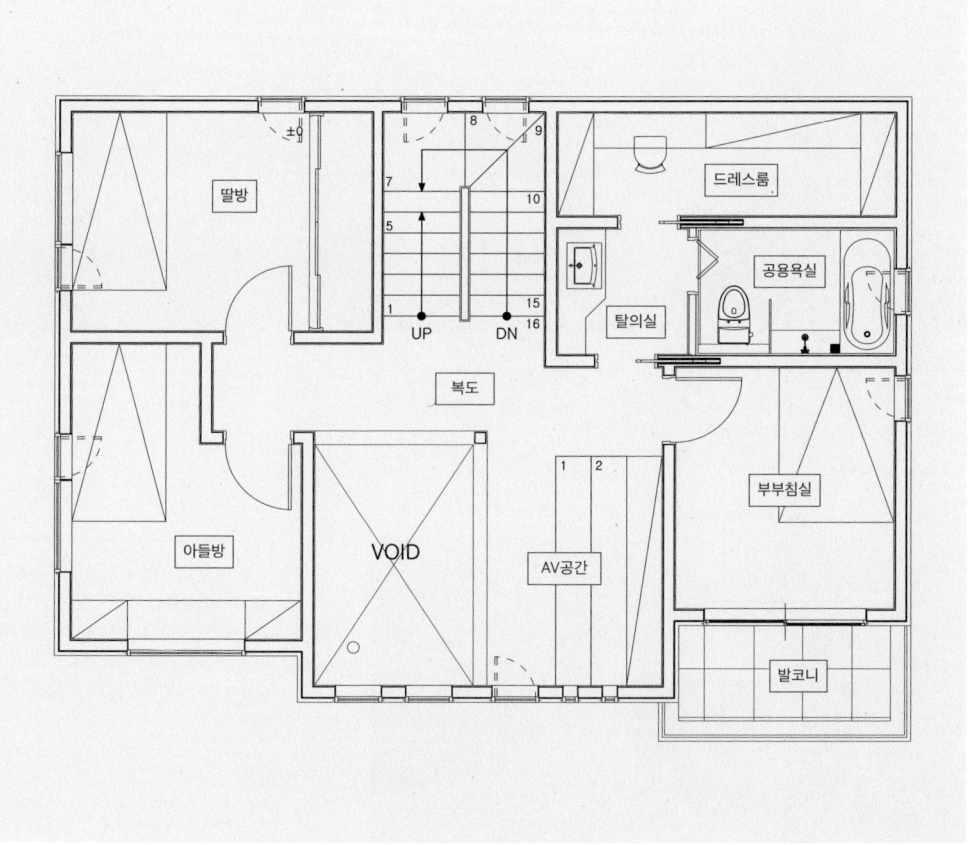

집, 지어 살기

2층에는 작은 계단식 서재를 만들었다. 편하게 책을 볼 수도 있고 맞은편 벽에 프로젝터를 쏘면 가족들만의 영화관이 되기도 한다.

지붕 모양을 따라서 마감하고 돌출된 창호에 장식장을 하면 자연스럽게 윈도 시트가 된다. 앉아서 책을 보거나 음악을 들으며 사색에 젖어 광고에 나오는 한 장면을 연출해볼 수도 있다.

다락은 평당 공사비로 따졌을 때 본체 공사비에 비하면 1/3 정도
들어간다. 그래서 다락을 잘 활용하면 창고, 작은방, 놀이방, 서재 등
다양한 용도로 사용할 수 있다. 톡톡하우스의 다락은 아이들의 놀이방이자
엄마 아빠가 무언가를 집중해서 할 수 있는 공간이기도 하고, 때론
흔들의자에 앉아서 조용히 쉴 수 있는 공간이기도 하다. 다락 한쪽에는
아빠를 위한 공간도 만들었다. 뭔가 집중하는 일을 해야 할 때 혼자
몰두할 수 있는 공간. (그런 공간이 아빠를 집으로 부른다는 연구결과도 있다.
필자도 남자이기에 이런 공간을 배치하려고 노력하는 편이다.) 대개 아이들에게
물어보면 안방은 엄마방이라고 부르지, 아빠방이라고 부르지는 않는다고
한다. 자신만의 공간이 간절히 필요한 남자라면, 이런 자투리 공간을
활용하면 충분히 자기만의 공간을 만들 수 있다. 아빠에게 주는 짧은
휴식이 가족에게 긴 평화를 가져다줄 수 있다는 사실을 잊지 말자.

집은 '하우스'가 아닌 '홈'이다. 우리 가족이 밖에서 공부하거나 일하고
돌아와서 쉬는 공간이자 가족이 매일 소통하는 곳이다. 그래서 집에는
가족의 개성이 담겨 있고 가족의 고유한 생활방식이 담겨 있다. 건축주는
톡톡하우스가 꼭 펜션 같다고 말한다. 주말에 가족끼리 어디 놀러 와서
한가로이 휴식을 취하며 즐거운 시간을 보내고 있다는 생각이 들곤
한단다. 집은 어떤 의미가 되어도 상관없다. 우리 가족이 편하게 쉴 수만
있다면 그것으로 만족하는 공간이 집이기 때문이다.

다락방을 최대한 확장해서 사색할 수 있는 공간으로 만들었다. 지붕에는 천창 2개를 두어 언제든지 밖을 내다볼 수 있도록 했다.

다락 한쪽에는 아빠만의 독립된 공간이 있다.

가족에게 기념이 되는
톡톡하우스 시계도 만들었다.

벽난로 연통이 연결되어 있어서
벽난로를 가동하면 열기가
전달되어 제법 훈훈하다.

에필로그

Epilogue

불과 30~40년 전만 하더라도 대부분의 사람들이 단독주택에 살았다. 외부 창고나 화장실 위에는 장독이 있었고 마당이 있고 외부 철재대문이 있었다. 집 밖 골목에서는 아이들이 만날 공을 차거나 비석치기를 하며 놀았고, 저녁밥을 먹을 때가 되면 아이들을 부르는 부모님의 목소리가 골목을 가득 메웠다. 흔했던 골목길 풍경은 아파트가 지어지면서부터 달라졌다. 어느 순간 아파트는 여유로운 중산층, 부를 상징하는 주거 형태가 되어버렸다. 아파트 가격은 하염없이 올라갔고 너도나도 아파트로 이사를 가기 시작했다. 사람 냄새나던 동네는 전부 철거되고 고층 아파트들이 들어섰다. 그렇게 시간이 흘러 층간소음 문제로 이웃이 원수가 되고, 수년을 살아도 옆집에 누가 사는지조차 모르고 사는 게 일상이 되어버렸을 즈음, 다시 단독주택에 대한 '붐'이 일어났다. 한 땅에 두 집을 지어서 사는 듀플렉스하우스, '땅콩집'에 대한 관심이 늘고, 66㎡(20평)도 채 안 되는 땅에 아주 작은 집을 실용적으로 설계해서 사는 '협소주택'도 등장했다.

LH에서는 신도시를 만들 때 단독주택 전용 택지지구를 만들어서 분양을 하고 있다. 아파트가 미분양되는 경우는 종종 있지만 택지지구의 땅은 없어서 못 산다. 점포주택을 지을 수 있는 땅은 사자마자 가격이 두 배로 뛰기도 한다. 왜 많은 사람들이 부의 상징이 된 아파트를 포기하고 단독주택으로 이주하게 된 걸까? 중산층이 도심지에 주택을 갖는 게 가능해졌기 때문이다. 예전에는 LH에서 단독주택택지 자체를 분양하지 않았고 주거지에 땅을 사서 기존에 있는 집을 헐고 다시 짓기에는 비용도 많이 발생했다. 수요가 생기면서 단독주택을 전문으로 짓는 회사가 많이 생겨나고 인터넷의 발전으로 모든 가격과 시공방법들이 노출되면서 가격도 많이 내려갔다. 고급 단독주택이 ㎡당(평당) 천만 원씩 하던 시절이 불과 몇 년 전의 일이다. 하지만 이젠 경쟁업체가 많아지면서 400~500만 원대의 주택도 옛날보다 더 성능 좋고 멋지게 지을 수 있는 여건이 형성되었다.

용인 지역만 놓고 비교해보면 분양면적이 149㎡(45평)인 아파트를 6억 원에 판매한다는 광고가 많다. 전용면적을 계산하면 126㎡(38평) 정도다. 반면에 해당 아파트 바로 앞에 위치한 단독주택 전용지의 198㎡(60평) 정도 되는 땅의 값은 3억 원이다. 40평 정도의 주택을 짓는다고 해도 2억 원 중반이면 지을 수 있다. 더 넓은 데다 마당까지 있는 나만의 주택을, 더 싼값에 지을 수 있는 시대가 되어버린 것이다. 신도시에 아파트 한 채를 가지고 있는 사람이라면 30분만 벗어나면 마당을 가진 좋은 주택을 가질 수 있게 되었다. 단독주택의 수요가 늘수록 도심 외곽으로까지 집을 지을 수 있는 토지들의 분양과 매매가 점점 활발해지고 있다. 먹고살기에 급급했던 생활방식에서 주말만이라도 가족과 함께 여유로운 시간을 보낼 수 있는 주택을 선호하게 된 것이다.

단독주택을 고려하는 사람들 중 일부는 아파트보다 저렴한 비용으로 내 집을 가질 수 있다는 생각에 의욕적으로 알아보다가 내가 가진 예산으로는 도심지에 집을 지을 수 없다는 사실을 알게 되는 순간 좌절하고 고민하게 된다. 필자는 상담을 할 때면 항상 선택과 집중을 하라고 한다. 근처에 대형마트도 있고 학교도 있고 버스정류장도 있고 지하철도 있는 곳을 찾는다면 아마 내가 살고 있는 아파트를 팔아도 땅도 못 사는 경우가 많을 것이다. 과감하게 포기해야 한다. 그리고 집을 지으면서 나중에 비싸게 팔 것을 염두에 두면 안 된다. 집을 지을 수 있는 땅이 귀해지는 데는 많은 시간이 필요하기 때문이다. 땅을 사서 새로 짓는 비용이나 매매 가격이 비슷해진다면 대부분의 사람들이 내가 원하는 집을 설계해서 집을 지을 것이다. 또한 단독주택 매매가 아파트처럼 되려면 아마 우리 다음 세대는 돼야 가능할지 모른다. 그러니 내가 가용할 수 있는 예산에 맞게 진행해야 한다. 아이들이 어리다면 작은 집도 괜찮다.

전 재산을 털어서 집을 지어야 하니 마음 한편이 불안할 수 있다. 하지만 "집 안에서 뛰지 마라, 뒤꿈치 들고 다녀라"라는 잔소리를 안 하는 순간 나도 모르게 아파트에서 살며 받았던 스트레스에서 벗어나 있을 것이다. 조금 길어진 출퇴근 시간쯤은 충분히 보상받을 것이다. 아이들에게 자연을 선물하고자 주말마다 캠핑을 가서 2시간에 걸쳐 준비하고 몇 끼 해 먹고 하룻밤 자고 다시 2시간에 걸쳐서 장비를 챙겨서 오는 번거로움도 없어진다. 내가 몇 가지만 포기한다면 더 큰 행복을 누릴 수 있다.

주택에 살면서 아파트에서 누리던 편리함을 기대하면 안 된다. 주택에서 살고 싶어 하는 사람이라면, 약간의 불편함이 훨씬 더 큰 행복으로 대체되는 단독주택만의 매력을 충분히 알고 있을 것이다. 필자는 지금의 아파트처럼 주택에서도 편하게 생활하는 시기가 오리라 생각한다.

집은 투자나 투기가 아니라 내가 밖에서 힘들게 일하고 돌아왔을 때 안정을 주는 휴식 같은 공간이 되어야 한다. 현실적으로 생각하더라도 땅의 특성상 가격이 떨어지지는 않을 것이다. 다만, 주택의 가격이 오르기는 쉽지 않다. 그러니 투자의 개념을 버리고 우리 가족이 편안하고 행복하게 살 수 있는 공간을 갖겠다는 생각으로 시작하기를 바란다. 그렇게 지어진 집은 내 가족에게 주는 최고의 선물이 될 것이다.

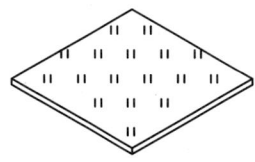

집 지을 땅 찾기
p.016

리모델링 가능한 집 찾기
p.044

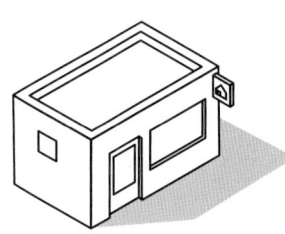

믿을만한 업체 선정부터
비용 절감하는 설계의 핵심까지
p.076

셀프 집 짓기!
공정별·상황별 체크리스트
p.124

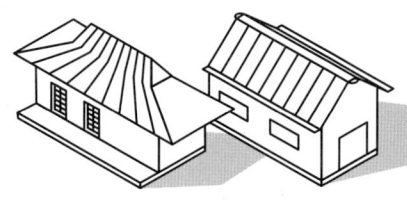

삼척 고향에 마련한
작은 카페와 시골집
p.170

91.84㎡(27평) 작은 집에
복층 아이디어를 더한 주택 리모델링
p.196

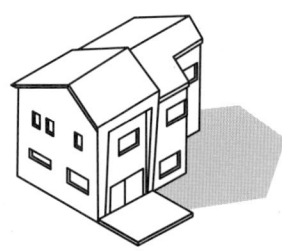

건축면적 64.86㎡(19평)에
지은 세 가족의 행복한 보금자리,
'집애가면集愛家眠'
p.220

다용도로 사용 가능한
차고가 딸린 집
'가인재佳人齋'
p.242

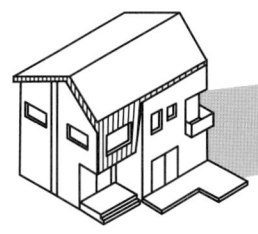

아이들에게 주는 선물
'톡톡하우스'
p.264

땅 사서 지을까
집 사서 고칠까

ⓒ 윤세상, 2016

초판 1쇄 발행 2016년 7월 29일
초판 4쇄 발행 2018년 2월 5일

지은이 윤세상
펴낸이 이상훈
편집인 김수영
기획편집 오혜영 이미아 김남희
마케팅 조재성 천용호 박신영 곽은선 노유리
경영지원 이해돈 정혜진 장혜정 이송이

펴낸곳 한겨레출판(주) www.hanibook.co.kr
등록 2006년 1월 4일 제313-2006-00003호
주소 서울시 마포구 효창목길 6(공덕동) 한겨레신문사 4층
전화 02) 6383-1602~3 팩스 | 02) 6383-1610
대표메일 happylife@hanibook.co.kr

ISBN 978-89-8431-998-1   13590

• 책값은 뒤표지에 있습니다.
• 파본은 구입하신 서점에서 바꾸어 드립니다.